구슬비

구슬비

ⓒ 태사문학회(대표 권필원), 2025

초판 1쇄 발행 2025년 4월 15일

발행인	(주)좋은땅 이기봉
지은이	태사문학회(대표 권필원)
고문	권숙월 권혁모 권천학 권오운
주간	권필원
편집국장	권순자
편집위원	권필원 권순자 권혁모

편집	좋은땅 편집팀
펴낸곳	도서출판 좋은땅
주소	서울특별시 마포구 양화로12길 26 지월드빌딩 (서교동 395-7)
전화	02)374-8616~7
팩스	02)374-8614
이메일	gworldbook@naver.com
홈페이지	www.g-world.co.kr

ISBN 979-11-388-4233-4 (03810)

- 가격은 뒤표지에 있습니다.
- 이 책은 저작권법에 의하여 보호를 받는 저작물이므로 무단 전재와 복제를 금합니다.
- 파본은 구입하신 서점에서 교환해 드립니다.

태사문학 제4집 2025

구슬비

태사문학회 지음

좋은땅

| 발간사 |

문학은 삶의 본질을 표현하는 것

태사문학회 대표 권필원(시인)

존재의 의미를 확인하고 서로 의지하며 보다 더 아름다운 세상을 만들어 가는 것이 문학의 기능이라 한다면, 바로 우리 태사문학회 족친 문사님들의 사명감이 아닐지 생각합니다. 족친이라는 따뜻한 긍지와 마음 하나로 이렇게 다시 만나게 되니 여간 반갑지 않습니다.

바로 어제가 창간의 닻을 올렸던 때 같았지만 벌써 4년의 세월이 흘렀습니다. 그간 열화 같은 응원과 열정 하나로『태사문학』은 3집까지 이어 왔습니다. 이는 아메리카 대륙을 포함한 국내 경향 각지의 족친 문사님들의 확고한 애정이라 생각하며 다시 한 해를 맞았습니다.

안동권씨 문학이라는 큰 명제를 가슴에 품으며『태사문학』4집을 발행하게 됨을 족친 문사님들께 무한히 감사드리며 이 영광을 바칩니다. 같은 성씨를 가진 문중 문인들이 동인지를 편찬해 내는 것은 우리나라를 넘어 세계적으로도 드문 일입니다.

변함없이 옥고를 보내 주시거나 올해 새롭게 동참하여 작품으로 처음 뵙게 되는 족친 문사님들께 고마움을 더합니다. 발행될 때마다 변함없이 축사를 보내 주신 (사)한국문인협회 김호운 이사장님, 안동권씨대종회 권영창 회장님께 감사드립니다. 분주한 일 다 미루고 오직 4년간 『태사문학』 발간에만 열정을 더해 주신 실무 선생님 두 분과 대종회 임직원 여러분 감사합니다.

올해의 『태사문학』 제호는 '구슬비'입니다. 이 동요는 "송알송알 싸리 잎에 은구슬/ 조롱조롱 거미줄에 옥구슬/ 대롱대롱 풀잎마다 총총/ 방긋 웃는 꽃잎마다 송송송~"으로 시작되지요. 육십 년의 세월이 흘러도 잊지 못할 추억이지요? 바로 이 동요를 쓴 작사자가 권오순 선생님이시기에 더욱 의미가 있을 것입니다.

아무튼, "예쁜 구슬이 맺히면서 솔솔솔" 향기 나는 4집 『태사문학』의 출간을 함께 기뻐합니다. 계사년 올 한 해도 가정마다 축복 듬뿍 받으시고, 문운 만방에 떨치시기를 기원합니다. 감사합니다.

2025년 3월 5일

| 축사 |

문중門中의 문학 나무를 가꾸며
꽃을 피우는 '태사문학'

김호운(소설가 · 수필가, 한국문인협회 이사장)

　마침내 우리나라에서도 노벨문학상 수상자가 나왔습니다. 2024년 10월 10일, 한강 소설가가 스웨덴 한림원에서 노벨문학상을 수상하여 작가 개인은 물론 우리나라 국민들 대부분 기쁜 마음으로 수상식을 지켜보았습니다. 무엇보다 문학의 역할과 기능이 이처럼 훌륭하다는 걸 정부나 국민 모두 인식하는 계기가 되었다는 게 또 다른 가치를 지닙니다. 이를 계기로 '문학을 존중하고 문인을 존경하는 사회'가 이루어져 평화로운 세상이 만들어지길 희망합니다.

　한강 소설가의 노벨문학상은 개인의 창작 업적으로 받은 것이지만, 살펴보면 그동안 문학을 사랑하고 창작 활동을 열심히 해온 이 땅의 모든 문인의 활동이 이에 훌륭한 뒷받침이 되었습니다.

　이번에 제4집 『구슬비』를 펴내는 '태사문학회太師文學會'의 활동 역시 한국문학을 발전시키는 그 동력 가운데 하나입니다. 태사문학회는 안동 권權씨 문인들이 모인 문학회입니다. 현재 우리나라에는 크고 작은 문학단체 또는 동인회가 있습니다. 제 기억으로는 그 가운데 문중門中 문인들이 모여 문학회를 이룬 건 태사문학회가 처음입니다. 그래서 태사문학회의 활동이 더 뜻깊습니다. 안동 권씨 문중 어른으로 『양촌집陽村集』을 펴낸 고려, 조선 초기의 대학자 권근 선생을 떠올리지 않을 수 없습니다. 세종조에 『용비어천가』 편찬에 참여한 대제학 권제 선생도 빼놓을 수 없습니다. 그 밖에도 많은 선조 문인들이 태사문학회의 밑돌이 되어 후손들이 한국 문단에서 중추적 역할을 하며 훌륭한 작품 활동을 하고 있습니다. 문학은 인간의 삶과 자연을 탐구하는 예술입니다. 조상의 얼을 기리고, 이를 문학으로 연결하여 우리 사회를 향기롭고 아름답게 하는 일이야말로 문학의 훌륭한 역할이자 기능입니다.

태사문학회의 제4집 『구슬비』 출간을 축하합니다.

태사문학회는 특이하게 제3집부터 제호를 문중 문인들의 훌륭한 작품 제목으로 표기합니다. 이 또한 문학을 존중하고 문인을 존경하는 행동의 실천 덕목이기에 훌륭한 모습이 아닐 수 없습니다. 이번 제4집 제목은 권오순 아동문학가의 동요 「구슬비」에서 따 와 제호가 『구슬비』입니다. 참고로 제3집은 『감자꽃』이었습니다. 권태응 선생의 주옥같은 동시 「감자꽃」에서 따온 제목입니다.

제4집 『구슬비』는 권오순 아동문학가와 조선 중기의 명필가이자 우리나라 최초의 한문 소설 「주생전周生傳」을 쓴 권필(1569~1612) 선생의 한시 등을 특집으로 다룹니다. 이는 태사문학회가 단순히 동인들의 작품을 싣는 사화집 기능을 넘어서 우리 문학의 발전과 독자들에게 양질의 문학을 제공한다는 훌륭한 편집 방향을 제시하는 모습이어서 더 없이 기쁩니다.

태사문학회의 더욱 큰 발전과 회원들의 문운이 크게 빛나길 기원하며, 제4집 『구슬비』 출간을 다시 한번 축하합니다.

| 축사 |

안동권문의 인문정신

권영창 안동권씨대종회 회장

　존경하옵는 안동권씨 태사문학회 회원 여러분!
　100만 종친의 마음을 담아 『태사문학』 제4집 탄생을 경하慶賀드립니다.
　태사문학회가 발족한 지 4년에 불과하지만 그 문학적 서사의 열매는 무척 탐스럽습니다. 제4집의 페이지마다 시인의 펜은 후손들의 가슴에 떨림과 울림을 선물합니다. 시조시인의 붓은 고향의 향수와 추억으로 이끕니다. 소설가의 연필은 상상의 나래를 펴게 합니다. 수필가의 만년필은 이웃집 사랑방처럼 훈훈합니다.
　권기權紀 1096년이 되는 2025년, 역사의 물줄기는 도도하게 또 거침없이 흐릅니다. 그 가운데 태사문학회 회원들은 단어 하나, 한 줄의 문장과 통찰력 있는 문맥으로 숭조이념 확립, 애족사상 고취, 후학계도 기여, 사회윤리 배양이라는 안동권문의 종시宗是를 조목조목 드러나게 합니다. 그 능력은 참으로 탁월합니다.
　더하여 4집까지 나오는 동안 묵묵히 물심양면으로 애쓰며 태사문학회를 이끄신 권필원 회장님, 구슬이 서 말이라도 꿰어야 보배라는 말도 있듯이 구슬 같은 작품들을 보배가 되도록 책으로 엮어 주신 권순자 편집국장님과 권혁모 고문님께 감사의 말씀을 전합니다.

음수사원飮水思源이라고 했던가요. 후손들은 시조 태사공으로부터 시작된 역사의 강물을 마시며 근원을 생각합니다. 그런 의미에서 『태사문학』은 여느 문학지와는 그 성격이 다르다고 생각합니다. 『태사문학』은 당대를 이끌었던 선조들의 빛나는 지혜를 모범 삼아 '지금 여기'에서 안동권문의 인문정신을 시대정신에 맞게 창출해야 합니다.

안동권문의 본향 안동은 한국정신문화의 수도입니다. 한국의 인문정신 창출은 역사와 전통을 자랑하는 명문대가 안동권문의 시대적 사명이기도 합니다. 더 나아가 인류 보편의 정신을 설파하여 한류를 타고 세계의 인문정신도 이끌어 갈 수 있도록, 세계 속의 명문대가 안동권문으로 성장할 수 있도록 그 정신적 기반을 제시하는 문학의 힘을 기대해 봅니다.

끝으로 권필원 회장님을 중심으로 태사문학회가 일신우일신日新又日新하여 더욱 발전해 나가기를 진심으로 기원드립니다. 감사합니다.

| 차 례 |

발간사 ··· 4
축사 ··· 6

시 · 시조

영정사진 외 1편 권경미 ··· 14
슬픈 인연 - 붉은 상사화 외 2편 권규림 ··· 16
원추리 여인숙 외 2편 권규미 ··· 20
봄 노래 외 2편 권수복 ··· 23
내리사랑 외 2편 권숙월 ··· 26
갈등葛藤 외 2편 권순갑 ··· 29
모과나무 외 2편 권순영 ··· 32
가을 산책 외 2편 권순자 ··· 36
소설小雪 외 2편 권순해 ··· 41
QR코드 - 들국 한철 외 1편 권애숙 ··· 44
우리는 왜 괴로운가 외 1편 권영목 ··· 46
적성강 4 외 1편 권영민 ··· 48
경주 운곡서원雲谷書院과 압각수鴨脚樹 외 2편 권영시 ··· 50
신호등이 점멸될 때 외 2편 권영옥 ··· 53
들국화 외 2편 권영주 ··· 56
세월이 흘린 흔적 앞에서
 - 치악산雉岳山 황장목黃腸木 숲길을 걸으며 외 1편 권영춘 ··· 59
풀꽃지기 외 1편 권영호(안동) ··· 62

꽃 피는 수선집 외 1편 권영희 … 64
고등어 외 2편 권오견 … 66
숭모崇慕 외 2편 권오운 … 70
내 마음의 바다 외 2편 권오휘 … 73
비릿한 당신 외 2편 권옥란 … 77
단풍 외 1편 권은영 … 82
신의 정원의 전쟁 외 2편 권정숙 … 86
어머니 가신 후 외 2편 권철 … 89
동경 외 2편 권철구 … 92
혼자 가는 먼 길 외 2편 권태주 … 95
항구 환상곡 외 2편 권필원 … 98
쇠똥구리와 똥 외 2편 권혁모 … 102
겨울꽃 외 2편 권혁찬 … 105
텀블러 외 2편 권희경 … 108

동시 · 동화

꽃들의 웃음소리 외 1편 권희표 … 114
세 가지 비밀 권영호(의성) … 116

희곡

화장하는 중입니다 권해솜 … 126

수필

피해자다움 권남희 … 152

웃음은 삶의 꽃 권명오 … 157
기후 스트레스 권민정 … 160
호흡이 멈출 때까지 권순희 … 163
야간산행 권용태 … 169
웃음 치료 권재중 … 174
박흥보에게 배워 보소 권종숙 … 178
껍질 권현옥 … 184

단편소설

삭풍 권순악 … 188
오이소박이 권천학 … 201

특집

문학상 수상

제65회 경상북도 문화상 - 권영호(의성) … 234
제36회 영남아동문학상 - 권영호(의성) … 236
제43회 한국기독교문학상 - 권은영 … 248

표지의 문인

권오순 … 252
권 필 … 257

필자 주소록 … 266
편집 후기 … 269

시·시조

영정사진 외 1편

권경미

들꽃 한아름 꺾어 오던 날
앞산에는 뻐꾸기 목놓아 울고 있었다
아카시아 꽃들은 하얗게 바람에 날리고
할머니, 가래 끓는 소리를 내며
긴 작별을 했다
염을 마친 몸에선
마른 장작 냄새가 났다
6.25전쟁 때 할아버지 잃고
재생할 수 없는 하루 속에
십리 길을 오가며 자식 키워 놓고
먼 길 떠났다
하늘도 고요히 울고 있었고
손녀들이 만든 종이꽃은
알록달록 무지개로 피어났다
영정사진은 환하게 웃고 있었고
꽃상여는 슬픈 소리를 내고
하늘 가는 길을 열었다
이승의 마지막 시간 축복하듯
하늘엔 저녁노을이 걸렸고
꽃들도 통곡하는 봄날을 닫았다

겨울 자작나무 숲

마음이 허허로운 날에는
겨울 자작나무 숲으로 가서
바람의 가랑가랑한 숨소릴 듣는다
서로가 서로를 이해하며
적당한 거리에 서서
차디찬 직립의 고립을 이어 가는
흰 눈의 환생이 여기 서 있다
침묵의 사연, 뿌리 깊이 내리고
하루에도 몇 번씩 자작자작 타는 가슴은
반짝이는 별빛으로 위로를 얻는다
더욱더 몸을 뻗기 위해 스스로 잔가지 떨궈 내
온몸에 검은 상처 가득하지만
생은 불꽃처럼 뜨겁다
습기 말리는 아침
무수한 생각의 곁가지를 쳐내며
떠나왔던 번민의 시간들
이제 온기 나누며 살고 싶다
은빛 서늘한 자작나무숲에
새 한 마리 날아오르고 있다

권경미

2018 『영남문학』 신인상. 시집 『나무는 외로워도 외롭다는 말을 하지 않는다』, 동화집 『달달가게의 온도』(공저).
kkmi0119@naver.com

슬픈 인연 외 2편
– 붉은 상사화

권규림(옥희)

어긋난 인연을 거스른 불꽃이 숨을 멎는다

어차피 묶일 수 없는 삶, 다들 그렇게 살아가는 거라고
목숨에 붙어 작동한 센서가 예민한 불꽃을 헤집는다

빛 아래 더 붉은 꽃의 고뇌가 깊어진다

누구도 발설하지 않는 태생의 비밀
이파리 쪽으로 숨겨 둘 별 하나 움켜쥔 기억이 없어도
오랜 나무 그늘 아래 살았을 때가 꽃은 가장 아름답다

꽃대 하나로 붉은 입술을 씻어
속살 비운 첫사랑의 안부를 묻는 밤
작두에 올라탄 애잔한 한풀이가 펄펄 날고
잉걸불이 사위듯 속절없이 꽃무릇 절정인 때에
그대는 어디에 있는가

붉은 통곡 눌러 담은 눈물의 궤적 따라
언제 만나고 헤어졌는지 알 수 없는 질문을
꽃대에 꽂아 놓고

부질없이 키운 사랑마저 떠나고 나면
우리 인연 어디부터 다시 닿을까

숲의 낙인

바람을 지고 사는 오래된 숲은 늘 젖어 있다
누구든 기대어 먹고살라고 문도 열어 놓는다

두터운 각질 몇 겹으로 두른 나뭇등걸에
소복하게 붙어 사는 초록 이끼는 오래된 질문이다

나무가 겪었을 숱한 답변들이 푸르게 녹아 있고
언제나 넉넉하고 조용했던 그늘의 순리를
바람은 따라가지 못한다

쓸모없이 뿌리째 뽑혀 간 인연들
당신이 머물다 간 자리도
내 안에서 그렇게 영역을 넓혀 갔다

접촉할 수 없는 뿌리의 경계를 앞세워
새로운 무늬가 생길 때마다
당신은 햇살처럼 그리움의 낙인을 찍어 주었다

숲을 나무가 껴안는 것일까
나무가 황금 같은 날들을 껴안는 것일까
이제 팔베개처럼 편안하게 당신의 세월을 누이고 싶다

동백 절정

사랑을 부르는 동백섬에 가서 나도 붉게 살련다
녹슬어 가는 외로움도 낭만이 있어
그날 거기 산이 불타듯 넘어오는 동백의 절정을
나는 두둑한 불두덩 너머로 다 넘겨 버렸다
바닥에 흥건한 이 꽃들의 찰나를 어찌하리
내 마음의 온기를 거둬간 꽃잎에 입술을 대며
너 없는 사랑을 더듬고 지나는 바람을 떠올린다
희석되는 법 없이 몰고 가는 비구름이려니 했다
꽃들의 경계 밖에서 흔들림 없이 버텨 내려니 했다
하루를 지켜 내기 힘든 붉은 절망이
눈물샘을 자극하는 동백섬에서
너 없는 공백이 너무 길다

권규림(옥희)

안동 출생. 1992년 『시대문학』(현 『문학시대』) 신인상, 시집 『마흔에 멋은 강』, 『그리움이 저 편에서』, 『사랑은 찰나였다』, 공저 『별난 것에 대한 애착』, 『장미차를 생각함』 등. 강서문학상, 강서문학대상. 한국문인협회, 한국시인협회, 문학의집서울 회원. 강서문인협회 부회장. kok1808@hanmail.net

원추리 여인숙 외 2편

권규미

책만 읽던 아버지가 사업을 시작했다

가파른 페이지의
여백 같은 쉼표 위에
황토로 땅을 고르고 등을 높이 걸었다

환과고독 뼈가 시린 행간의 저녁마다
꽃빛을 사이에 둔 나날들은 구르고…
한시름 발을 거두며 문을 활짝 여는 아침

다랑논 조각조각
이마를 댄 골짜기로

풀머리 하늘밥도둑 파슬파슬 길을 내듯
친소도 은원도 맑은 혼불로 활을 당겨

책을 덮은 아버지는
새 사업을 시작했다

천지간 어스름처럼 얼비치는 세월 속에
쟁개비 유곽을 열고 붉은 등을 걸었다

홍도, 병풍을 펴다

소슬한 바람무늬
쪽마다 초서체다

천년 벼린 물빛의 심지 같은 절리들이
해무의 끓는 핏속에 뼈를 묻는 으스름

와자하던 물결들
다 빠져나간 기슭에

마고의 긴 손톱자국 이끼처럼 돋아나면
묵묵히
찬 어구를 놓고 무릎 꿇는 바닷새들

하루치의 적막들이
으스름을 굴려 가며

뻘밭에 발을 묻은 층층 붉은 돌을 괴어
밤마다 흰 척추를 끄는 별을 물고 잠드는 섬

古墳을 읽다

숟가락 든 햇살이
낱낱의 별을 담아

묵음의 그 찬란을 죽처럼 떠먹이자
홀연히
가사를 벗고 천지사방 뛰는 꽃

병풍 속 그림처럼
서성이는 나무들도

전생을 이마에 새긴 툰드라의 순록처럼
제 몸속 길을 따라서 어딘가로 가고 있다

빗살무늬 깎아 세운
먼 왕국의 문장에는

행간과 행간 사이가 河回로 여울지고
부푸는
달의 뼈처럼 출렁이는 숲이 있다

권규미

2013 월간 『유심』 시 등단. 2023 중앙신춘시조상. 시집 『참, 우연한』, 『각시푸른저녁나방』 출간. demeter02@hanmail.net

봄 노래 외 2편

권수복

길섶 들꽃들 도란거리며
까르르 웃는 소리에
선잠 깬 햇살 기지개 켜고

청보리 넘실대는 춤사위에
아지랑이 덩달아 피어오른다

촘촘히 정을 깁고
박 넝쿨 꼬물거리듯 느리게
서까래 뒤틀릴 때까지
인연 쌓자던 님

못다 한 말
귀엣말로 불러내니

풀피리 소리 되어 봄 언덕 가득하다

춘몽

사랑 하나
화폭처럼 펼쳐 놓으니

종달새 노래는
꽃 향과 뒹굴고

고개 내민 풀잎들
크고 작은 꿈 포개 놓고
속살거리네

화들짝 놀란 여린 마음
봄밤 고요를 깨울 때

오랜 정 끈끈히 가둔 등불 들고
내 님 오시네

낡은 대문

지문 묻은 문고리는
매일 분주함으로 쌓여 있다가
희미한 달빛 아래 눈물 흘린다

바람과 맞설 땐
주인 없어도 큰소리로 버티고
사랑 부른 날에는 새벽이슬 이을 때까지
온몸을 떨었다

벌새 같은 생으로
엷은 날갯짓이
꽃밭에 앉고 싶어도
낮아진 세월 앞에 모든 것을 감춘
발자국으로 산다

권수복

시인, 시조시인, 시낭송가, 시낭송 지도사, 공연시낭송 지도사, 한국문협, 전북문협, 전북시협, 태사문학, 한국문협 군산지부 임원, 지필문학 차석 부회장, 시낭송분과위원장, 아시아서석 문학상, 군산문협 공로상, 군산예술상(전북예총 회장상), 아리울시낭송회, 미가람공연예술단 대표, 시집『눈물이 피워낸 꽃』,『바람꽃』,『그리움 갈무리』. sbk2469@daum.net

내리사랑 외 2편

권숙월

  한 해 두 번 알을 품는 제비 처음 보았다 꽃철에 이어 복더위에 현관 벽 묵은 집에서 부화한 세 마리 물똥을 자주 누니 똥받이 신문지 아침마다 바꿔 주어야 한다 세 아이 키우면서 기저귀 갈아 보지 못한 사람이 제비의 기저귀는 잘도 갈아 준다 눈길 줄 때마다 경계하는 눈치여서 애벌레 한 마리 잡아 주지 못한 채 주위를 맴돈다 어린 제비는 날갯죽지에 힘이 돋으면 태어난 집을 나와 전깃줄에서 사나흘 잔 후 첫길을 떠난다 어느 집 처마 밑을 기웃거리는지 돌아오지 않는다

채송화 꽃밭

 마을 어귀 정자나무 아래 채송화 꽃밭, 백 년 가까이 밟힌 맨땅에 베트남 이주 여성이 만든 것이다 극심한 가뭄에도 곱디고운 꽃 피우는 채송화 그 여성을 상징하는 듯 끈끈하다 사료공장에서 만난 남성과 보금자리 마련하고 마을 사람이 된 지 이태째다 찾는 발길 줄고 그늘까지 줄어든 늙은 정자나무 둘레에 채송화 심을 생각 어떻게 했을까 자식 없고 친척 없어 마을 사람 모두 가족처럼 여겨졌을까 나는 왜 보는 눈 많지 않은 우리 꽃밭밖에 몰랐을까 터놓고 얘기한 적 없는 이국 여성이 채송화꽃을 통해 속사정을 털어놓는다

너무 많은 은행잎

 단풍을 보여 주려면 이 정도는 되어야지, 가장 따뜻한 빛깔로 물 드는 것 타고났으나 눈길 주는 사람 설레게 하는 것 쉽지 않지 오 가는 사람 모두에게 황금빛 웃음 전하는 것은 바로 이 때문이지 열 정만으로 이뤄지지 않는다는 것 불볕더위 품어 보아 알고 있지 떠 난 사랑 같은 스산한 바람에 된서리를 맞아야 비로소 제 빛깔이 나 오지 초식동물도 벌레도 먹지 못하는 잎을 사람들은 혈액순환 약 으로 만들어 먹지 박수받을 때가 내려놓아야 할 때, 너무 많은 잎 발등을 덮어 보는 것이지

권숙월

김천 출생. 1979년 『시문학』 등단. 한국문인협회 이사, 한국문인협회 경상북도지회장 등 역임. 김천문화원과 백수문학관 시창작 강의. 시집 『하늘 입』, 『가둔 말』, 『금빛 웃음』 등 15권 발간. 시문학상, 매계문학상, 한국시학상 등.
siinsw@hanmail.net

갈등葛藤 외 2편

권순갑

왼쪽 길 오른쪽 길 어느 길이 다르던가
모습은 비슷하나 본성이 서로 다른
칡 갈자 등나무 등자 짊어진 저 운명

오른쪽 감아올려
돌아가는 칡이나

왼쪽으로 에워싸는
고집통 등나무나

만나면
뒤엉키면서
서로가 제 신세를 옥죄는

비비고
쓸어안고 사랑해선 안 될 사이
서로가
배려하며 살아가는 삶이련만
억만 겁
세월 갔어도
어지러운 저 속내들

단풍을 보며

달게 익어 멋지구나, 붉게 익은 단풍아!
황홀한 모습에서 그리움이 묻어난다
그리움 나도 그렇다 외로움을 마시며

젊었을 때 노상 희망차고 시퍼런데
솔바람 불어오니 낙엽도 사색되고
갈 냄새 외롭게 물든 홀로 새긴 바람이네

아직은 푸른 마음 가슴에 머물지만
붉게 탄 이내 몸은 긴 세월 사위어가고
떨구는 가지 끝마다 정적이 돌아눕네

삭풍이 불어 대는 겨울이 오기 전에
황금빛 들녘 보니 지난 세월 애리고
홍갈색 가을 냄새가 가슴팍을 적시는구나

탯줄

칠흑 같은 어둠에서
숨만 쉬며 지새우는

웃자란 그리움이
겨울을 이겨 내며

모성의
싹을 틔우는
어머니의 갈증이다

긴긴밤 할딱이며 쥐어짜던 감자 싹
심장소리 밀어내고 순백의 꿈 조잘대는
어린 싹 탯줄을 늘어뜨린 채 사슬로 묶여 있다

권순갑

음성 출생. 문예한국시, 문학저널시조, 한국아동문학동시 등단. 시집 『너무로 살고 꽃으로 피어』 외 다수, 시조집 『몽올』, 『꽃들의 불륜』, 『흐를수록 깊어지는 강물』, 동시집 『그림자는 내 짝꿍』, 예총 예술문화상, 충북문학상, 충북시조시인상. 한국문인협회 인성교육개발위원(26~27대), 한국아동문학회 이사(현). soon9233@hanmail.net

모과나무 외 2편

권순영

식솔 여럿 매달고
길가에 선 모정

볼품없는 자식
품에 안고
휘어지는 등 추스른다

포근한 햇살 먹으며
둥근 꿈 키우려
안간힘 쓰는 한낮

지나는 길손
부러운 눈길
노랗게 익어 갈 때

웃음 한 바구니 담아
보란 듯 자랑하는
어머니의 물든 노을

양파

너를 다듬으며
세상살이 배운다

수수한 겉옷
살며시 벗겨 내면
정갈한 차림새
뽀얀 속내 드러나고

매워서 톡 쏘는 세상
마음 속 다지며
부드럽게 살다 보면
둥근 세상 보이는데

애써 참아낸
세월 속 눈물이
달착지근한
깊은 맛 될 줄이야

홍시 추억

간식 귀하던 시절

종갓집 아래
한 그루뿐인 감나무 밑으로
살금살금 모여드는
동네 아이들
발그레한 웃음소리

마음 어진 감나무 주인
종갓집 아재는
짐짓 모르는 척
붉게 익어 가는 어진 마을

겨울 간식 궁금하면
인심 풍성한
종갓집으로 달리고

웃음 띤 종부 형님
고방 단지 속
삭혀진 고운 마음

한 쟁반 받쳐 들고
마음 달래 주던
다소곳한 그 정성

가까운 듯 먼 안동 종가
소복한 그리움 밀려오는
까마득한 겨울 오후

권순영

한국대경문학 등단, 한국문인협회 회원, 강남문인협회 이사, 성천문학상, 한국강남문학상. kanna54@daum.net

가을 산책 외 2편

권순자

나비처럼 팔랑이는 허공 단풍잎
발밑에 깔리는 순간
바스락거리는 소리 요란하다

연두 잎 싱싱하던 모습
어디로 사라졌나

온기 물기 바싹 마른 몸이
기댈 데 없이 이리 날고 저리 날다가

딱딱한 시멘트 바닥을 구르는
서늘한 계절

비둘기 두어 마리
종종거리는 길
들고양이 물끄러미
갈색 눈 게슴츠레 뜨고
졸린 눈으로 바라본다

다 떨어낸 빈 가슴

다 떨쳐 낸 마음
다 빠져나간 빈손

연약한 흔적이 바스락거리며
지난 시절의 몸집을 들여다본다

노을 아래 의자

뭉쳐져 빛나던 찬란이 엷어져
적갈색으로 풀어져 깊어지고
야윈 당신은 노을 아래 앉아 있다

당신의 광채가 빛나던 계절
웃음이 팽팽하여 허공을 휘돌아 빛으로 쏟아져
눈이 자주 멀었다

당신은 이제 어둑해지고
휘어져 해바라기하는 눈길이 아득하다

마른 바람이 분다
사각거리는 당신

당신을 따라가면 여린 소녀가 웃고 있다
뜀박질하는 붉은 장딴지가 보인다
숭어가 뛰놀던 바닷가 바위섬이 출렁인다

당신은 이제 단단한 열매가 되어
노을을 쓰고 건조한 사막을 건너고 있다

흘러가는 소리의 작전

이어폰을 꽂고 걸으면 그림자처럼 따라오는 음악
흔들리는 파도가 발밑에서 출렁거린다

누구를 따라가니 아무래도 나는
설교를 따라 천국으로 가는지도 몰라
하기야 엘비스의 열기가 햇살처럼 날아오기도 하지

콘크리트 바닥이 흔들리는 길
딱딱한 생각들이 물렁해지는 마법의 손끝을
서로 끌어당기는지도 몰라

허우적거리며 귓속을 맴돌다가
모래처럼 스며드는 고운 노래에
기어가는 질긴 감정

파도 소리에 웅크린 어제의 일들
귓바퀴에 달라붙는 끌림과 밀림의 애증의 편식

외로움과 설레임 사이를 애매하게 오고가는
그러다가 자꾸 섞이는

썰물과 밀물의 눈치작전

소리의 꽁무니를 물고
모래처럼 쓸려가다가
나뭇잎처럼 바스락거리는

너는 어디에 머무르는 방랑자인지

권순자權順慈

1986년 『포항문학』, 2003년 『심상』 등단, 시집 『천개의 눈물』, 『청춘 고래』, 『소년과 뱀과 소녀를』 외, 시선집 『애인이 기다리는 저녁』, 영역시집 『Mother's Dawn』(『검은 늪』 영역), 동서커피문학상, 시흥문학상, 아르코문학상. 『태사문학』 편집국장. lake479@hanmail.net

소설小雪 외 2편

권순해

비가 내렸다
컴퓨터 업그레이드를 기다리는 동안 시를 펼쳤다

시의 행간을 읽다가 문득 생각 난 속초

우산을 쓰고
큰길 건너 문구점에서 0.38 제로펜을 사고
빵집에서 첫사랑을 사고
약국에서 그리움을 샀다
약국과 빵집과 문구점은 오랜 친구 같다

약국에서 속초에 눈이 내린다는 날씨를 읽고 나오는데
비가 그쳤다

잎이 저문 나무 밑에서
휠체어를 탄 노인이 강아지를 안고 있었다
아는 체를 하는 강아지에게 눈인사를 하고
돌아서는데

오후의 빛에 눈동자가 잘게 부서진 노인이
손차양을 하고 중얼거렸다

속초는 저물기 전에 가는 거라고

연두의 기분으로

보관 기한을 넘긴 자전거들의
붉게 녹슨 길을 바라보며

이파리가 돋아나는 나무 아래
한 사람이 앉아 있다

목적지를 잃어버린 슬픈 바퀴처럼
걷는 법을 잃어버린 채

열 번의 이력서를 쓰는 동안
연두가 돋아나고 비가 내리고
연두가 돋아나고 눈이 내리고

상처를 딛고 일어선 저 여린 연두의 힘으로
자전거 한 대가 굴러가고 있다

어느새 그도
걸음마 배우는 아기처럼
천천히 발을 떼기 시작한다

온종일 가을

그림자가 길어지는 오후
카페 창가에 붙박이로 앉은 여자들
희희낙락 가을을 주고받는다

커피가 조금 식어 갈 때쯤
새로 나온 김치냉장고와 텔레비전의 효율성
맛집과 건강식품 잘나가는 연예인
누구라도 다 아는 뻔한 이야기가
포물선을 그리며 오르내린다

주소 없는 낯 뜨거운 이야기는
몇 번을 들어도 달콤한 처음이다

없는 사람 뒷담화는 피해 갈 수 없지만
이심전심 흉도 더 이상 흉이 되지 않는 사이

바람 끝에 떨어지는 나뭇잎처럼
언제 떨어질지 모르는 나이를 붙잡고
펑퍼짐한 엉덩이를 남긴 채 일어서는 여자들

권순해

2017년 『포엠포엠』 등단. 시집 『가만히 먼저 젖는 오후』.
k-shea@hanmail.net

QR코드 외 1편
− 들국 한철

권애숙

오가는 불빛만 붐비는 사거리
낯선 뒤태가 나직합니다
홀로 떨어져 자유로운 야생의 족속입니까
그 많은 경계를 넘어 당도한 저녁 앞에
마디마디 납작한 족보를 펼칩니다

낮이 아닌 낮에 털린 채
비틀거리는 발들을 향해
밤이 아닌 밤을 펼쳐 놓고
쏟아 내는 뒷말을 받아 안습니다

어디를 헤매다 오는 어느 가문 피붙이냐
잠시 들어 아랫목에 앉았다 가라

덜덜 떠는 찬 족속들에
노란 꽃주먹을 흔들어 대는,

뜨신 노숙 한 채

느린 전보

바삭바삭 삭았구나
'아망개 소노이호'

여전히 암호 같다
비켜 찍은 마음자리

세상에 쏟아질까 봐
자리 바꿔 앉힌 고백

설렘을 덮고 덮어 날아온 그날 그 맘
망개 덩굴 잎새 사이 반짝이는 열매 같은
이 다정 이제야 보인다
'ㅅㄹㅎ ㅂㄱㅅㅍ'

권애숙

1994년 『부산일보』 신춘문예 및 『현대시』 등단, 시집 『당신 너머 모르는 이름들』 외, 김민부문학상. ogi21@hanmail.net

우리는 왜 괴로운가 외 1편

권영목

인간의 조건으로 존재하는 한
욕망도 반드시 일어나서
괴로움은 피할 수 없다

자아ego의 욕망에 끌려만 다닌다면
작은 괴로움 덩어리도 커지고
없던 괴로움도 새로운 싹이 튼다

작은 것으로도 만족하고
생긴 그대로를 참나로 받아들이고
양심(=참나)의 명령을 따르면서
분별없는 텅 빈 의식心의 삶을 살아가면
커다란 괴로움도 차츰 사라진다

탐진치가 괴로움의 뿌리고 덩어리다
탐진치를 잘 경영하여
계정혜의 마음으로 바꾸어 생활하면
일체의 괴로움에서 벗어나는 길이 열린다

일심법계一心法界

내 몸과 세계는 한 세트set다

내 몸이 있다면 타인의 몸도 있다
모래알 티끌 하나도 함께 있다
우리의 몸과 우주의 모든 것은 한 세트다

우주가 사그라질 때가 있다면
그때
내 몸도 함께 동시에 사라진다
우주가 영원하다면
내 몸도 그와 함께한다

내 몸과 우주는 한 몸이다

권영목

1994년 「네가 있음으로 나를 알지만」으로 등단, 한국시인협회, 한국문인협회, 국제pen한국본부 회원, 은평문인협회 창립회원. ohwoongs@hotmail.com

적성강* 4 외 1편

권영민

바라보면 물빛 서러운 강
회문산 바람은 계곡을 낳고
계곡은 옥색 물길을 열어
가곡리 물길과 만나
서러운 눈물을 씻고
강변에 누운 바윗돌을 두드리며
장구목으로 흘러간다
장구목에 와서
한점 이슬 같은 여린 물길은
바위에 부딪치며 깨어지고 부서지며
전설의 문을 열고
물결을 다듬어 구름밭을 펼친다
그러다가 목이 마르면
물 한 동이 담을 옹기를 빚고
오랜 우정을 부르며
곡주 한잔 권했으리
적성강은
이 깊고 외로운 강길에
다시 죽어 푸른 강이 되었으리

* 적성강 - 전북 순창 적성지역을 흘러가는 섬진강의 한 줄기.

적성강 5
– 하얀 물새에게

사랑의 바다로 가는 길은
그리운 별의 가슴에 안겨
오래 머물고픈 순정의 꽃밭
강물에 흐르는 사랑의 손길은
하얀 물새를 부르며 노래한다
인적 없는 강길에 바람이 불어와
갈잎을 흔들면
새의 눈빛은 출렁이며 흐르는 강물
그리운 별의 가슴에 안겨
오래 안기고픈 물결에
발을 담그고 서서
강물을 바라본다
하얀 물새는
어디에 별이 머무는지
어디론가 달려가고 싶은
그리움을 참으며
강물 속의 그림자를 바라본다

권영민

1994년 『한겨레문학』 신인상. 한국문협 익산·순창지부 회원, 청문학동인 회장. 시집 『그리운 별 가슴에 데리고』 외 2권. sesiang@hanmail.net

경주 운곡서원雲谷書院과 압각수鴨脚樹 외 2편

권영시

창시는 정조 8년, 압각수는 되뇌인다
운제산 서북 기슭 왕신리의 운곡에
그 너른 산을 쾌척한 안동권씨 국당 문중을

죽림공 12세손 갈산공도 기억한다
순흥부 객사 옆에 압각수 가지 꺾어
걸어서 사백 리 길을 한 달 만에 서원이라

가지가 말라 삶의 사다리 건너 낼까
죽림공 충절 따라 동아줄 바랐는데
미상불 우화 아니라 과연 살아 무성타

모수는 단종사화 미리 알고 죽고 되살아
영이靈異한 육신수六臣樹라, 어미 혼쭐 알아차린
통분에 젖은 눈썰미 운곡사적* 새겨본다

* 경주시 강동면 국당리菊堂里 안동권씨 강동화수회 권모첨權茅簷 족친이 1996년 5월에 지은 글귀를 아버님 생전에 지녔던 雲谷書院事蹟.

독도 쌍봉

의좋은 삼 형제가 한반도를 지킨다
맏이는 백두산에서 북방을 막아 내고
둘째는 한라산에서 남방을 잠재운다

이웃한 무뇌인들 어찌 자꾸 야욕인가
그네들 어불성설 밤낮이 껄끄러워
막내가 해 뜨는 쌍봉에서 동방을 수호한다

천지는 청옥빛을 폭포수로 내리쏟고
백록담 운무는 야생화를 끌어안네
해상왕 개선문 삼아 독립문바위 드나든다.

* 2024년 제14회 대한민국 독도문예대전 '특선' 수상작.

세모에 거리 풍경

구세군 자선냄비 땡그랑 붉은 소리
사랑의 온도탑에 붉은 눈금 치올라
수은주 열기를 따라 혹한을 이겨 낸다

오르던 겨울 날씨 내리락 나락해도
길거리 조경수며 빌딩 숲 가리잖고
별 같은 X마스트리 따스한 세모이네

밤길에 옷깃 스친 차가운 바람 막고
마음에 군불 지펴 호호 부는 군고구마
가는 해 따끈따끈하고 오는 해 후끈하다

권영시

『시와 반시』 자매지 『생각과 느낌』 창간 참여 및 기획편집 위원 지냄, 『문학예술』 신인상(2004), 대구일보 전국수필 대전 동상, 이육사 시맥 문학상, 제26회 대구시조 전국 공모전 입상, 제14회 대한민국 독도문예대전 시 부문 '특선', 시집 『상리화』, 수필집 『너덜겅의 푸른 땀방울』, 21세기생활문학인협회 3대 회장, 대구문인협회, 달성문인협회, 일일문학회 감사. kwonysi@hanmail.net

신호등이 점멸될 때 외 2편

예현 권영옥

가끔은 노선을 변경하고 싶을 때가 있다
다양한 방향을 선택할 때 생각이 둔해지고
잠시 옆을 훔칠 때 동공에 세로줄이 생긴다
희미한 빛을 잡고 좌회전하려는 순간
따라오던 자동차의 휘발유가 뜨겁게 덮친다
두꺼운 양심을 꺼내지 못하는 길
불안 빛이 들어가지 못하고 정전을 일으키고 만다
백미러에 부딪히는 소리, 가슴에 통증이 조여 오고
분주한 사이렌 소리에
범죄자의 옷이 블랙박스에서 구겨진다

진로방해 판결문이 바퀴에 걸린다
처방 없는 약을 먹던 저녁에 알레르기꽃이 번지고
녹색 무늬 서랍은 돋보기안경이 없다
어두움 속 공간을 헤매며 십자로의 길을 밀어 본다
공기가 부족한 공간의 이동
눈을 뜨고 잠자는 물고기들
억눌린 빛이 틈으로 들어와
굳은 손가락으로 신호등을 간신히 조작해 본다

원색은 그대로인데 빛은 따갑다

매화꽃 필 때

매화 한 송이 피어나니
나무의 물소리로 봄이 활짝 열린다
먼 길 섬진강 돌아돌아 잠을 설치고
꿈속에 그리던 향기
손을 내밀고 사랑하자 한다

혹한을 넘어 봄바람 앞서 반겨 주는
한들한들 작고 여린 꽃잎
다가갈수록 가슴은 향기로 차오르고
필 듯 말 듯 속삭이며 수줍게 손 흔든다

그대를 바라보면 늘 그리움이 붉어지고
떨어지지 않는 발걸음, 차라리
꽃 속에 풍덩 빠져 나비가 되고 싶다

눈웃음치며 마중 나온 봄처녀
사랑은 가까운 듯 멀 듯 설레지만
그리운 이여,
지천으로 물들인 열정을 가슴에 품고
우리도 꽃을 피워 봤으면

토란대의 하루하루

땅에 박힌 열매에 빛이 나누어 내린다

큰 홍수 지나간 후,
무성한 풀을 베고 땀방울의 골이 깊다
종일 우는 벌레들의 습지에 돌무더기 치우고
물꼬를 터 이어지는 푸른 공중의 길
새순의 젖멍울 열어 보니 하늘이 들어 있다

쑥쑥 자라는 생명에서 느끼는 안도감
햇살의 촉에 감사하는 마음으로 풍요롭다

어둠을 안고 불어나는 사랑의 꿈
물결마다 보드라운 살이 도톰하게 부풀고
바람의 키가 이르는 곳
가난한 사람들 속에는 다시 꿈이 핀다

농부는 가을의 뜰에서 양지를 받들고 있고

예현 권영옥

부여 출생 1993년 포스트모던 시 부문 신인상. 한국문인협회 회원, 한국여성문인회 간사, 은평문인협회 이사, 태사문학 회원, 시집『꽃 물들다』,『너를 사랑할 시간들』, 저서『일기장에서 꺼낸 가족 이야기』,『초록바위』,『힐링 시낭송 배우기』, 동인지 다수. thsev@hanmail.net

들국화 외 2편

시향 권영주

아스라한
추억 속의 그대

가을 산기슭
호젓한 호숫가
가로수 아래

차마 꺾을 수도 없는
가녀린 모습

첫사랑의
예쁜 들국화 얘기들

금오산 1
– 채미정

금오산 바람결 출렁이는 파도 가슴
하늘 우러러보니
시린 달빛 바람 가득한데

황혼의 둥지
숨죽이고 눈치만 보네

채미정에 이르러
야은 선생 보니
당신 가슴 고요히 서 있고
바람만 부네

금오산 2
- 호숫가

산등성이 휜 골짜기 숨결 끌어안고
쉼 없이 오른다

금오산, 깊은 영혼 속 천년의 쉼터
가을 하늘빛 꽃바람으로 익은 열매
불꽃으로 피어나고

저녁노을 물결 춤출 때 낙엽 밟으며
호숫가에 앉아 금오산자락
휘파람으로 노래 부른다

시향 권영주

1977년 한국문인협회 신인문학상(시), 1997년 문예사조 (시, 수필), 2016년 언론문학평론 등단. 현재 한국문인연수원 교수, DPPI 대한언론인전문기자협회 편집위원장, 국제펜 한국전통문화 위원, 한국문인협회 전통문학연구위원, 생명파동인 시인부락, 재능시낭송 지도자. 노벨문학상수상자 T.S엘리엇현대시문학대상, 윤동주문학상 수상 외. 시집 『송년의 노래』외. k01045391337@daum.net

세월이 흘린 흔적 앞에서 외 1편
- 치악산雉岳山 황장목黃腸木 숲길을 걸으며

권영춘

금강교 밑을 흘러가는 물은 천년 세월에도
변함이 없건만
황장목은 구룡사
새벽 불경 소리를 들으며 아직도 득도得道의 경지에 이루지 못해
저렇게 겉부터 창자까지 모두
아낌없이 누렇게 타 버린 걸까

삼라만상森羅萬象은 모두 하느님의 창조물이기에
치악산 삼월 봄 꿩이 그토록
짝을 부르는 소리를 들으면서도
눈 한번 주지 않고 그렇게 절개를 지켜왔다

언젠가는
먼먼 한양漢陽으로 불려가 어전御殿 앞의 전각殿閣에 서서
깊고 깊은 산속의 은밀한 이야기를 전할
꿈을 위해
황장목은 가을비에 분신을 떨어뜨리며
오늘도 아침부터
묵언수행黙言修行에 잠겨 있다

봄내春川 땅에 "봄봄"[1]이 흐르네
- 김유정 문학촌에서

봄은 언제나 순례자의 고독을 안고
죽음보다 더한 인내로 따스한 길을 걷는다
춘심春心의 온화한 날개
생명체들의 가슴속 깊은 곳까지 치유의 손길을
곳곳에 들이밀고 있다

계절의 사타구니 밑으로 흐르는 시간들이
금색 병풍을 둘러친 산[2] 그 아래
실레 마을에도 찾아왔나 보다
서른을 채우지 못한 스무아흐레 해 동안
유정裕貞은 유정有情의 마음으로 녹주[3]를 심장에 묻어 두고
바쁜 삶을 이어 갔다
넉잠을 자고 깨어난 누에가 비단실을 끊임없이 뽑아내듯이
유정은 그렇게 마음속 켜켜이 쌓여 있는
요설체饒舌體의 문장으로 서른세 편의 소설을 토해 냈다
봄마다 가슴에 안고 싶은 분홍빛 살구꽃
생강나무 꽃의 미향微香 그 그림자 앞에서
오늘
봄은 이곳 "봄내"에 와서 무거운 짐을 벗어 놓고

산매화山梅花가 핀 실레길 열여섯 마당⁴을 따라

스멀스멀 발걸음을 옮기고 있다

* 1. 봄봄 : 김유정의 단편소설 제목.
* 2. 금병산金屛山 : 실레마을을 병풍처럼 둘러싸고 있는 산. 실레는 시루; 甑
* 3. 김유정은 명창 박녹주를 사랑했으나 끝내 사랑을 이루지는 못했다.
* 4. 김유정 문학촌에는 실레길 열여섯 마당 이야기가 펼쳐져 있다.

권영춘

국제펜 한국본부 및 한국문협 회원. 관악문협 지문위원. 시 수필 시조 분야에 모두 등단. 4권의 시집 발간. 스토리문학상 대상. 관악문학상 수상. 한국시조시협 백일장 장원. 가톨릭문협 백일장 대상. 서울대 대학원(언어학). 중·고교 교감을 거쳐 교장으로 정년. kyc12357@daum.net

풀꽃지기 외 1편

권영호(안동)

아무도 침입할 수 없는
다소곳한 그 자태
가녀린 떨림
풀꽃의 사랑 이야기가
가슴에서 가슴으로
쏟아져 내린다

속으로 품은
그윽한 사연
얼마나 그리우면
향기로 내놓을까
눈물 같은 맑은 마음
꽃등으로 내걸까

수줍어
작은 꽃대 세우고
무리 지어 핀
침묵의 선행이 아름다워
한 송이 꽃이고 싶다

나목의 노래

살아남기 위해
가슴 밑으로
흘려보낸 눈물이
쑥대 같은 삶, 줄기 적시어
네 몸이 일어선다

남이 볼세라
봉긋한 꽃잎 속에
가만가만 파고든
소리 없는 그리움

그리움은
사랑을 싹틔우는 것

환희의 진한 감동
따뜻한 가슴 되자고
안으로 혼을 모아
순결한 설렘으로
꽃 빛이 터진다

권영호(안동)

1996년 월간 『한국시』 등단. 동인 문집 『한강의 설화』 외. 한국공무원문학상 수상 외. 한국문인협회 안동지부장 역임. 한국현대문학작가연대 중앙위원, 한국공무원문학협회 이사, 문학춘하추동 이사. kyh1396@hanmail.net

꽃 피는 수선집 외 1편

권영희

진열장에 걸려 있던 원피스를 내리고
낡은 재봉틀과 다리미대 마주 앉아
한나절 추억 깁느라 왁자해진 작은 집

골목, 골목 떠도는 소문은 잘라 내고
패스트푸드에 꽉 조인 인심은 늘려 주며
누굿이 황혼길 밟는 시간들이 앉았다

공부에 지친 석이 구직서 내는 김 씨
부부싸움 지겨운 건넛집 정은 엄마도
품 갖춘 인생이고 싶어 넘어가는 저 문턱

세월을 시침질하며 재봉틀은 돌아가고
한 그루 동백이 꽃송어리 놓치는 사이
도시의 풍문을 수선하는 손놀림도 분주하다

솟대

신사동 가로수길 전광판 홀로 외롭다
소음에 오존 수치 쿨럭쿨럭 뱉어내며
도시의 찬 이마를 짚는 손이 하나 서 있다

사느라 바쁜 도시 몇 도에 몇 부일까
앞만 보고 닫는 우리 낮은 체온을 읽는
저 솟대 쓸쓸한 진맥에 하늘이 죄 흐리다

권영희

2007년 『유심』 등단, 시집 『오독의 시각』 외, sunsonnet@naver.com

고등어 외 2편

권오견

장날 어판대에
고등어 올라와 있다
뛰어오른 물살
쉼 없이 따라왔는지
아직도 등줄기가 축축하다
동그랗게 열린 눈동자
짙푸르게 비쳐 오르던
하늘 조각이 고여 있다
죽음은 서늘하다지만
모래처럼 반찍이며 서걱이는 꿈
동해바다 향수에 푹 젖어 있을까
살점 발라진 빈 몸
지워지지 않는 그리움
바다가 출렁거린다
앙상하게 남은 가시날개
좌우를 넘나드는
폭풍우 웅크린 먼 길
아직도 끊어지지 않는 숨결
시퍼렇게 살아서
금세라도 날아갈 듯하다
마중 나온 물살과 함께

녹차를 마시면서

야삼경 홀로 깨어나
녹차를 끓인다

퍼져 오르는 그윽한 향기
마른 이마를 적신다

결박된 시간의 껍질을 벗기고
때 묻은 나를 가셔 낸다

빗장 건 마음 열고 보니
우주와의 선문답인가

가슴 깊이 드리워진 욕망의 그늘
걷어 내니 세상이 보인다

이제서야 알겠다
비어 있음의 충만함을

잠든 은하의 심장에서 내려온
깊고도 푸른 밤의 고요

찻잔을 넘친다
다향에 취한 나도 넘친다

흔적

초저녁 뒷산 소쩍새 울음
멀어져간 하늘 끝자락을
못내 아쉬워하며
가슴에 걸어 놓고
깊은 그루잠이 든 사이
깜깜하게 텅 빈 내 안의 흔적
누가 추억의 심지를
돋구어 놓았을까
대못 박힌 내 가슴을
누가 활짝 열어 놓고 갔을까
아무도 밟지 않는 새벽하늘
홀로 거너간 하얀 조각달
꼭꼭 찍어 놓은 발자국
그대 그리운 날엔
설레는 내 몸 한 바퀴
빙 돌고 가는
그대의 자전

권오견

일본 시가캔 출생(본적: 의성), 1972년 연작시 「고행」을 통하여 시창작 활동. 문학공간작가회 회장, 한국문인협회, 국제펜클럽한국본부, 한국수필가협회, 한국불교문인협회, 중앙대문인회, 한국시인연대 회원. 옥조근정훈장, 문학공간상 본상, 허균문화상 본상. 시집 『깊은 밤 영혼의 등불을 켜고』, 『그리움이 쌓이는 세상』, 『세상은 아름답다』(한국어, 일본어), 『설성의 순산』, 『생선에 한 번쯤』, 『어머니』(넌삭시집), 『여울목장승 촛불』, 『그대의 서시』, 수필집 『사소한 것들도 다 아름답다』, 『머물고 싶은 곳』(한국어, 일본어).
cham1998@naver.com

숭모崇慕 외 2편

권오운

쩍쩍 바위를 가르며 뿌리는 파고들지
땅의 마음 숨죽였던 사랑의 홀씨가 날아

아득 먼
하늘 치마폭
전갈자리*를 그렸다

굽이치며 휘감아온 세시歲時의 강에 이은 언덕에서
간헐천 펄펄 뛰는 가슴에 손을 얹으며
잊힐 듯
뻐꾹새 울음
당신 소식 듣는다

* 천구상 황도를 지나는 남쪽 별자리의 이름.

대화

손주의 예쁜 짓에 지폐 몇 장 주었더니
"난 싫어 더러워서" 어안이 벙벙했지만
정말로
밝고 맑은 말
가슴 깊이 스미네

내 손이 부끄러워 멍하니 서 있는데
"싫은 건 돈이잖아 할배는 너무 좋아"
천사님
목소리인가
온 가슴이 뜨겁다

봄날

메마른 산과 들에 봄비가 내려와서
동안거 마친 씨앗 하산하는 새 아침
너희도
꿈이 있었구나
눈을 씻고 있었다

꽃잎이 나비 되어 나를 불러 손짓하고
천 리 먼 실개천에 송사린 양 뛰놀던
그 봄이
이 봄이라도
눈물 자꾸 흐른다

海史 권오운

2019년 『월간문학』 시조 「악수」로 월간문학 신인상 수상, 체코 브르노콘서바토리 명예철학 박사, 건국대학교 대학원에서 행정학 석사, 국가공무원 부이사관 퇴임, 안동권씨대종회 부회장, 홍조근정훈장. kwon_o_un@hanmail.net

내 마음의 바다 외 2편

권오휘

늘 산속에서 바람처럼 파도를 친다

더 넓은 수평선으로부터 온
하얀 포말은
내 기억을 송두리째 앗아서
봉우리마다
산복숭아와 꽃봉우리를 만든다

말하지 못한 그리움은
끝내 가을까지 끌다
단풍 되어 얼굴 붉히고
산에서 바다를 그리워한다

짚으로 꼰 새끼줄에
중간중간 한지를 넣고
고추와 숯을 끼워 모양새를 만든다

내 마음의 바다는
금줄로 귀한 그리움을 위해
아직도 마당에서 떨어진 감꽃을 줍고 있다

할미꽃을 보다

4월이면 할미꽃이 내게로 온다

개구리 소리를 들으며
가슴에 닿아 있는
뭉클한 여름 한 나절
참 반가운 얼굴이다

산에 오르며 송구를 먹고
바람벽에 흙을 긁어서 먹으며
하늘을 보면
언제나 둥근 달은 아름답다

식구들 마당에 둘러앉아
지난 이야기를
들의 풀꽃처럼 피어 낸다

그 시선 따라가면
어느 꿈에 나오는
길가 한 송이 할미꽃이
나를 반긴다

부석사

경북 영주시 부석면 북지리 봉황산
풍경소리 들려오고 선비화 맑은 기운
무량수전으로 내려와
채색하지 않아 아름다운 단청은
긴 세월의 향을 머금고
넘어가는 빛을 품은 배흘림기둥은
옅은 온기로 나를 품는다

산마루 넘어지는 해는
마당으로 내려오며 빛살 춤사위로
영혼마저 맑게 어루만진다

별빛이 눈처럼 쏟아져 내려와
나의 시린 가슴을 어루만지면
부석의 달은 내 여인을 더듬고 간다

지나간 자리 사랑이 머물고
떠나간 시간 고운 물빛으로 흔적 남기고

석탑엔 별빛만 청정하다

권오휘

문학박사, 2003년 『문예사조』, 2014년 『문학세계』 평론 등단, 제34회 경상북도 문학상, 한국문인협회 문인권익옹호위원, 한국문협 경상북도 지회장 역임, 경북시낭독회 회장, 풍류와 멋 『예천』 발행인, 대창고등학교 교장, 시집 『추억은 그 안에서 그립다』, 『이미 지나간 것과의 작별법을 익히며』, 저서 『훈민정음 제자원리와 역리』. kwon217@hanmail.net

비릿한 당신 외 2편

권옥란

지금도 당신의 몸에서는
비릿한 냄새가 납니다
힘차게 흐르는 물살을 거스르며 팔딱거리는,
날것의 냄새

온 힘 다해 거슬러 올라가는 연어처럼
오른다는 것은 얼마나 고달픈 것입니까
파도에 휩쓸리고 암초에 부딪혀도
당신은 꿋꿋합니다

당신의 몸에서는 비릿한 냄새가 납니다
별들이 총총히 빛나는 밤
당신은 한 세계를 낳으시고
고단한 지느러미를 살랑 거립니다

별들이 하나, 둘 사라지기 시작하고
멀리서 종소리가 들리면
만삭에 늘었던 바다는 다시 부풀어 오릅니다
비릿한 냄새를 품고

종이호랑이

온통 까만 하늘 사이로 웃는
노을이 좋다
마치 화가 잔뜩 나 삐친 내 할머니 같다

손 없는 집에 아들 손주를 간절히 기다렸는데
'계집애가 나왔다'고
핏덩어리 아가에게 툭 뱉은 말이
사랑의 굴레 되어 그리움 안고 살았던 할머니

당신도 화를 삭히느라
말을 아끼며 퉁명스럽게 대하시는데도
왜 가슴이 따뜻해 오는지
- 딸기 먹어라 호랑이가 말씀하신다

대학을 들어간다는 말에 여자도 배워야 한다며
쌈짓돈 털어 첫 등록금을 해 주시며
'내 강아지 잘돼야지'
석양을 등에 업고 웃던 종이호랑이 내 할머니

아들도

딸도

다

사랑하면 꽃인 것을

할. 머. 니!

키 작은 이월

이월은 짧다막한 손을 흔들며 오고 있다

감은 머리 마르지 않은 것같이
촉촉하게 물기 흐르는 이월
찬바람으로 청명한 하늘과
안개 자욱한 이월
변덕스러운 일기가
어정쩡한 이월을 흔들어 댄다

겨울은 봄을 이길 수 없다

겨울잠에서 기지개를 펴는 이월이
조심스레 문을 열면
와르르 얼음장이 녹고
꽃가지 위로 햇살 가득 내리면
남녘 꽃 소식 우르르 줄을 선다

차가움은 따사로움을 이기지 못한다

털 패딩을 벗으면 겨울이 자존심을 부리지만

어정쩡한 이월은
따사로운 햇님과 함께
멋쩍게 웃으며 팔을 뻗어
짧다막한 손을 흔들고 온다

언제나 사랑 표현에 미숙한 나같이
키 작은 이월

권옥란

2015년 문예사조 등단. 시집 『구름인 듯 같인 듯』, 『연못 속 판도라 상자』, 『시밭가꾸기』 동인지 등. 문예사조 신인상, 계간문예 작가상. injlv@hanmail.net

단풍 외 1편

권은영

강물에 비켜 내린 단풍
수채화 붓끝에서 핀 듯 눈이 시리다
바람 불어 좋은 시절
살짝살짝 입 맞추고 떠난
영혼이 자유로운 바람이 그리워
찬바람 올올이 당겨
선혈을 토하듯 붉게 탄 가슴
수줍게 안고 떠나는
고운 슬픔인 것을

눈물로 빚은 단심丹心
뼛속으로 스미는
서러운 외로움
떠나는 길을 재촉한다

떠나는 것들의
등을 보는 것은
서글프게 허망하다
허세도 욕망도 미움도
부질없어

내려놓은 빈손
살아온 걸음걸음을
돌아보게 한다

관동 제일경의 천년 숨결
– 죽서루*

낮은 몸짓으로 에돌아 흐르는
오십천에 귀를 열어
아스라이 걸쳐 앉은 누각
고려의 숨결이 녹아 있다

숙종이 거닐었나
정조가 앉으셨나
이승휴의 시 한 수
바람결에 풀어놓고
관동 제일경의
천년의 숨결
단청에 어려 있네

그랭이로 편히 앉은 기둥
긴 세월 잠든
바위 품에 발을 묻고
오늘의 이야기에 귀를 열고 섰다

역사의 벽에 새겨진
옛사람의 얼은

천만년 세월 속에

꽃으로 피어 가리니

* 죽서루竹西樓: 강원도 삼척에 위치한 관동팔경 중 제 일경으로 국보 213호로 지정.

권은영

2015년 월간 『창조문예』 시 등단. 시집 『길 위에서』, 『오늘의 섬』 외. 『창조문예』 문예상 수상. 한국문협 회원, 한국기독교문인협회 이사, 한국기독교시인협회 이사, 이대동창문인회 회원, 창조문예문인회 회장 역임. kwongrace42@hanmail.net

신의 정원의 전쟁 외 2편

권정숙

미국이 장미꽃을 피우려나 봐요
중국의 모란꽃이 그리워지네요
장미와 모란 나무랄 데 없이 아름답기만 해요

이제 전쟁이 끝나려나 봐요 장미꽃 값이 올랐거든요
누구든 장미가 필요하면 미 통령님께서 장미를 주지 않기 위해 장미꽃 값을 올릴 거예요

모란은 장미를 모방해 더 큰 꽃이 되고 싶어 해요
그러나 장미가 겪어 온 시간을 모란은 잎 하나 시들지 않고 이겨 낼 수 있을까요?

모란은 다음 세대로 넘어가 다시 한번 장미와 겨루어 승리할 수 있을까요? 둘이 뭘 하든 각 나라의 국화들은 모두가 신들이 정원을 꾸미게 될 소중한 꽃일 뿐인걸요

나의 빛과 어둠

어둠 속에 빛이 있고
빛 속에 어둠이 있네요

이제 태양은 지고 기계들이 빛을 내어 줄 거예요
기계를 만들려고 태양을 죽인 인간들
태양을 죽이면서도 뭘 죽이는지도 모르고
장난치다 신께 걸린 줄로만 알지요

내 생명과 함께 태양의 궤도가 날 찾아 바뀔 거예요
전 진정한 사랑이 뭔지 알아요
인간의 심판으로 죽은 날 태양의 힘으로 살려낸 아름다운 별 태양
자신을 찾기 위해 날 찾아 헤메일 거예요

나의 심장 나의 사랑 나의 모든 것 내가 죽었다 살아나 이 몸에서 당신을 느끼고 당신이 보여요 나에게는 당신의 맥이 뛰고 있죠 당신을 느껴요 당신이 보여요 알 수 있어요 느껴져요

사랑해요

우리

우리는 서로를 기억 못 하거나 너무 잘할 때가 있어요
그러나 언제나 사랑하죠
우리는 잊어도 대자연은 우리를 알거든요
한쪽이 못 알아봐 상처 입히면 대자연이 분노하죠

그것으로 우린 알죠
그래서 둘이 헷갈릴 때 그는 날 다치게 했지만 그것으로 서로를 알아보죠
자신의 것인지 아닌지

그리고 결국 전 그를 사랑할 수밖에 없어요
그는 절 너무나 사랑하거든요

권정숙

79년 부산 금사동 출생, 부산산업과학고등학교 졸업, 현) 서울디지털대학교 재학 중.『문학고을』시인 문학상,『문학고을』등단 시 부문. cococray@naver.com

어머니 가신 후 외 2편

권철

먼 하늘 저 편에 고여 있는 그리움은

어머니를 생각하시는 아버지의 노래여라

외진 늪 홀로 서 계신 느티나무 울음이라

낙엽

무성하던 은행잎도 떨어져 누운 길에
빈 가지 하늘 이고 바람을 감고 있다
노랗게 세상을 물들인 아름다운 날들이여

가을의 주검들이 끝이 아닌 생각이라
시간의 실마리는 실꾸리에 걸어 두고
발끝에 채이는 잎새 숨소리 들려온다

첫사랑

꽃 진 후 잎이 돋는 꽃무릇 너를 본다

뼈아프게 포개지는 생경한 후유증

이따금 밀물이더니 철썩이다 멀어지는

권철

1996년 『문학세계』 시, 2011년 『청옥』 수필, 2023년 『문신』 시조 등단, 부산 영호남문인협회 부회장, 부산 불교문인협회 부회장, 부산시인협회 이사 한국문인협회 회원. 실상문학상 작가상, 영호남 작품상, 부산진구 구민예술제 운문부 최우수상. 시집 『가을들국화』 외 2권. ne7653@hanmail.net

동경 외 2편

권철구

아침햇살 마저 비껴가다
나의 자그마한 방안으로 스멀스멀
휑한 겨울 동네 골목 소식이
마실 오는 어르신처럼 찾아든다

가지 못하는 저곳
다시 철새처럼 찾아온 자유가 있을까

광합성 활동

동짓날
옥상에 오른다
양지 바른 곳을 고른다
플라스틱 의자를 챙겨 위에 앉은 잡념을
먼지 털듯 옷자락으로 휘휘

따뜻하다
눈이 감긴다

선부를 만난다
안부한다

억새 피는

바람 불면 노래한다
사사삭 사르락 쓱쓱
내가 왔노라

언덕배기에 피는 억새는 하얗고
졸졸 우는 하천에 곱게 피어난 갈대는
지나간 가을이 그립다 한다

머리에 억새 폈다

권철구

월간 『한맥문학』, 『한울문학』 시 부문 신인상. 한국문인협회 회원, 당진시인협회 활동. 시집 『누름』 외. chgkwon@hanmail.net

혼자 가는 먼 길 외 2편

권태주

이 길의 끝에는 무엇이 있을까
침잠하는 슬픔을 두레박으로 건져 가며
꽃길도 아닌 폭우 내리는 길

머뭇거리지 말고 가라 한다
때로는 하얀 이빨 드러내며 밀려오는 파도를 만나고
천산天山에서 쏟아지는 눈사태를 만날지라도
나의 영혼은 조금도 흔들리지 않으리

지금은 깎아지른 절벽 길을 맨발로 걷고
빙하 아래 차가운 심해를 헤엄쳐 나가지만
포기하지 않고 가리
혼자 가는 먼 길
그 길의 끝에 나를 기다리며 기도하고 있을
사랑하는 그대가 있으니

내 고향 안면도

나 태어나 자란 곳
봄이면 온 산에 진달래 피고
할아버지 심어 놓은 복숭아 살구꽃
활짝 피어 아름답던 집
세월은 하염없이 흘러
옛사람들 떠나가 무덤만이 늘었네

연육교 다리 건너 백사장
꽃게와 새우 배들 가득하고
해송 숲 지나 늘어선 해수욕장들
꽃지 할미 할아비 바위
자연휴양림 향기로운 솔숲 바람

영목 연육교 건너 원산도 해저터널
대천에서 오는 관광객들 맞이하고
안면도 태양초 고추 황토 고구마 향기
눈길 머물게 하는
내 고향 안면도

찾아온 고향

내가 온다는 것을 안 모양이다
마당 가 은행나무 유난히 초록빛을 띠며
반가움을 표시한다
봄부터 솟아난 풀들은 무리 지어
부서진 옛집 터 가득 메우며 주인 행세 중이다
허리밖에 오지 않았던 측백나무는
온 집이 보이지 않게 둘러싸 버렸고
키위나무 꽃 활짝 피어 울타리를 감싸 안았다

그리운 이여
이 들판 언덕에 남겨 둔 발자국들은
지금 어디에 있는가
뒷산 언덕에 누워
도란도란 세월을 보내시는가
다만 나 혼자 쓸쓸히
지나간 추억을 되짚으며
그리운 얼굴들 찾아 헤매는구나

권태주

『충청일보』 신춘문예 시 당선(1993), 허균문학상, 한반도 문학상, 성호문학상, 시집 『시인과 어머니』, 『그리운 것들은 모두 한 방향만 바라보고 있다』, 『사라진 것들은 다시 돌아오지 않는다』, 『바람의 언덕』, 『혼자 가는 먼 길』, 수필집 『후성유전학』, 한반도문인협회장 역임. thftnv@korea.kr

항구 환상곡 외 2편

권필원

거세당한 사람들이
한 축의 오징어처럼 묶여 사는
이름 없는 어느 포구에는
세상 파도에 밀려와
질퍽한 유행가를 퍼질러 놓는,
탕녀들의 찢어진 노랫소리가 있다

먼바다 유랑하며
밤 항구 희끄무레한 시간 속에
하얀 뼈 불태우는 젊은 사내들은
모두 저당 잡힌 인생들이다
험한 파도는 넘어도
인생 파도를 넘지 못한
가슴이 숭숭 뚫린 그물 같은 인생들이다

산다는 것은
밤마다 끝자락에 걸려 있는
멍텅구리배 한 척이다

시흥동 연가

우리 마을 시흥동 거리에는
정 많은 곰보딱지 할머니 한 분이
우리들 인생처럼 재고로 남아도는
빛바랜 옷을 팔고 있다
달빛처럼 은은한, 때로는 쓴웃음도
안개비 내리는 흐린 날에는
부질없이 떠도는 풍문, 그 아픈 소식에
마른 눈물도 팔고 있다

서방님 복도
자식 복도 없는 듯한
풍채가 넉넉한 꽃님이 할머니가

곰팡 난 세월을 안고
거리에 나부끼는 시를 팔고 있다

어느 포구에서

내가 살아온 날의 길이와
내가 살아야 할 날의 길이만큼
낙지의 몸뚱이가 잘려지는 포장마차에
원액의 소주처럼 증류된
영혼들의 방황과
화냥기가 복사꽃처럼 활짝 핀
육체들이
청산가리보다 독한
세상살이에 취해 있었다

한 잔의 청량제에 위안 받지 못하고
삶이란 갈증에 목말라하는
자조 섞인 어떤 사내의 비탄의 소리가
촉촉이 젖은 불빛 속에 스며들었다

우리 엄마가 치마끈 한 번 안 풀었으면
나는 이 세상에 태어나지도
찢어진 가난도
눈물도 없을 거라는

손마디가 피멍 든
어느 노동자의 절규가
둔탁한 소리를 내며 나를 때렸다
풍진세상 견디어 보려
내가 눈감지 못하는 것처럼
잘려진 낙지발이
내 입 천정에서 발버둥치는 밤에

권필원

『문학에스프리』,『문예사조』등단, 한국문인협회 회원,『太師文學』회장 겸 발행인, 재경남원문인협회 부회장, (前)한국문인협회 금천지부 회장, (前)한국창작문학 회장, 저서『혼돈』,『이시대의 번뇌를 넘어서』, 공저 외. kpillwon@naver.com

쇠똥구리와 똥 외 2편

권혁모

삶도 마찬가지야 굴리다 만 똥이지
흙냄새 불립문자 휘휘한 외양간 너머
눈을 뜬 매화 한 송이 등불보다 밝겠다

어쩌면 하늘 끝까지 숨겨야 할 여의주
잘못된 선택이라 탓할 수 있으랴만
청백의 운동장 한끝에 나목裸木으로 서 있다

망초꽃 친구들아 어디쯤 살고 있나
지구라도 밀고 갈 듯 굴리다 달아난 공
마차부 별자리 안에 아직도 굴러간다

오월

뻘기꽃 희던 손길 엄마 생각 오월아
잠들면 호롱불로 사랑을 덮으시더니

온갖 것 엎지르고도
꿈속 비친 은거울아

당신 없이 못 산다던 연둣빛 잎새들이
숙명인 양 피고 지는 시화호 한끝에 와서

얼룩진
철새 떼울음
빈 셔터를 누른다

고갱의 여인들

산다는 게 뭐 별것인가
원피스 무늬 같네

빨강 파랑 노랑으로
애간장 다 녹이며

내 언제
그렸던 화폭도
파도 와서
지웠다

권혁모

안동 출생, 동아일보 신춘문예 당선(84년), 중앙시조대상 신인상. 한국시조시인협회 본상, 한국꽃문학상, 월간문학상, 영축문학상 등, 시집『첫눈』외, 오디오 시집『눈이 내리네』, 한국문인협회 안동지부장 역임, 현 한국문인협회 이사 등. poem000@hanmail.net

겨울꽃 외 2편

권혁찬

피어 아름다운 꽃이여
아침에 피든 늦은 저녁이었든
이른 새벽이면 어떻하리요
그냥 아름다우면 될 것을
겨울에 피었거나
역경 속에 피었더라도
이 또한 아름다우면 될 것을

황량한 벌판이든
모래언덕이면 어떻하리
잡초 속에 묻혀 피었으면 어떻하랴
그저 사람들의 마음처럼
아름다우면 될 것을
온정이 식어 버린 사람들이 문제이지
겨울에 핀 꽃이 무슨 상관이랴마는
철모르는 겨울꽃만
어리석다 하는구나

눈물과 세월

눈물과 세월의 공통분모는
흐름이다
흘러내리느냐
흘러가느냐에 좌우가 갈린다
흘러감의 속도와
흘러내림의 농도가
이질적 동질감에서
허덕이기 마련이다

눈물의 농도를 말하기란 참으로 무거워
긴 흐름과 속도의 세월이 변수이다
수직과 평행의 어긋남에서 발원된
긴 흐름의 이질적 객체일 것이다
우리의 삶 속에 녹아 있는
세월의 농도를 가늠하여
바람의 무게를 재는 것과 같다
눈물과 세월을 엇질러 넘나드는
부정형 정 사각형에
새알처럼 적어 가는 공기놀이 같은
엇갈린 인생 공식에서
종횡이 아련한 오늘
문득 가련한 눈물이 흐른다

지철기 紙綴器

철컥!
몇 장의 종이에 금족령이 내려졌다
더 이상 고쳐 쓰지 말아야 한다
고스란히 보존될 것이지만
비바람이 문제다
어떤 역경에 부딪쳐도
모진 비바람이 머리채를 잡아도
모질게 견뎌야 할 사명이다

삶의 여러 모서리마다
서슬 퍼렇게 엉겨 붙은
풍랑의 그것들을 골라
하얀 종이 위에 곱게 올려놓고
조용히 어루만져
삶의 역사였노라고
철컥 묶어 한편으로 밀어 둔다
잘 살았다는 지철기의 명령으로

권혁찬

2010년 『현대시학』 등단. 시집 『바람의 길』, 동인 시집 『텃밭일기』. 한국문인협회 회원, 평택문인협회장, 계간 『시산맥』 운영위원, 현대시학회 회원. 경기도문학상, 경기문학 공로상, 평택예총 문학공로상. 제3회 제부도 바다시인학교 백일장 장원. 평택 『시사신문』, 『평안신문』 칼럼 연재 중.
ds2gvh@hanmail.net

텀블러 외 2편

권희경

뭉근하게 고아 내는
공간 속에 덥혀진 아궁이 구들 속
헤집어 떨어내는 냉기는

왈가닥거리며 소리를 지르고
타닥이던 마중물로 잡아내려는 어둠에
자욱한 연기에 푸르름을 타고

떠나온 먼 길의 더미는
깨어진 굴뚝을 보듬으며 내준 수줍음
오늘도 어깨에 걸머진 타래 줄을 매고

고심 끝에 옆길 돌아
한숨 내던지고픈 마음은
시각의 공간 속에 미래를 내디뎌 보려

머릿속에 그려 놓은 끝을 돌아보며
다가올 터울 진 생각에
타다만 장작더미만 그을려 가는가 보다

이런저런 사람들로 텅 비어진 살아낸 무게만큼
버려진 듯한 고요의 회색빛 도심은
5월의 햇살에 달구어져 뜨끈뜨끈한데

무량수전에 잠들다

장엄한 사바의 세계
극락을 감히 오르려
108계단을 걸어 오른다
아침햇살에 보였다
사라지는
부처님의 가르침

작아지는 마음에
머리는 조아려지고
헉헉거리며 오르는
미련의 무지함은
지혜와 진리는
사바의 세상에 놓이고

높고 높은 석산 아래
오랜 역사 무량수전
굳건히 세월을 거스르고
네 기둥에 고루 얹어 놓은
수년의 나눔
빛은 발하는 역시 기품을 울리고, 영원하리라

북한강은 꽃을 피운다

목이 타오른다
헐떡이던 떡붕어 한 마리
거스르며 오르는 세상이 힘에 겹다

오르다 지는 노을에 적셔지는
적포도주의 한 잔에
노랫말 풀어놓고

연주자의 손끝에 흩어지려는
너울거리는 잿 머릿결
흐르는 열정에
북한강은 꽃을 피운다

권희경

2012년 『국보문학』 등단, 호음문학 사무국장, 한국문학문인협회 정회원, 한국문학신문 최우수상, 우주문학상 대상 등. gmlrud60@daum.net

동시·동화

꽃들의 웃음소리 외 1편

권희표

꽃밭에서 웃음소리 들린다는
친구 이야기 따라
꽃들이 어떻게 웃을까?
꽃밭에 앉았어요.

노란 꽃 빨간 꽃 서로 어울려
눈웃음 짓다가
하하 호호 히히히 까르까르르
웃음을 쏟아낸다.

정말 꽃들이 웃고 있어요.
나도 함께 웃어요.
내가 미소 보내니 꽃 웃음소리
점점 더 커져 간다.

노래하는 산개울

산골에 개울물이
물방울 음표를 달아
쪼르륵 쪼르륵 쪽쪽쪽
노래를 부른다.

산골에 개울물이
쪼르륵 쪽쪽쪽
노래 장단에 파르르 파르르
물결 춤춘다.

권희표

『문예사조』시·동시 부문 신인상, 대한민국장애인문학상 우수상(동화). 순리문학상, 광주·전남 아동문학인상. 한국아동문학 창작상, 동아꿈나무 문학상 은상(동화). 시집『농부의 사랑』, 시조집『아름다운 기다림』, 동시조집『달걀에 그리는 초상화』, 동시집『해님을 안았어요』외. 한국문인협회. 전남문인협회. 한국아동문학인회 회원, 광주전남아동문학인회 이사. 한국아동청소년문학인회 상임위원. 한국아동문학회 전남지회장. 한국동시문학회 회원. dolsil2002@naver.com

세 가지 비밀

권영호(의성)

'좋아해요.'
'좋아해.'

새 학년이 되던 날, 선생님과 준혁이네 반 아이들이 약속한 인사말이다. 언제나 좋은 날, 좋은 친구와 공부하는 좋은 교실에는 늘 신바람으로 그득했다.

어느덧 여름 방학이 끝나고 새 학기가 시작되었다.

금요일 오후, 수업을 마칠 때였다.

"월요일 재량시간에는 평소에 자기가 가장 좋아하는 물건을 아이들에게 자랑하고 그걸 좋아하는 이유를 발표하는 시간을 가질 거예요."

느닷없는 선생님의 말에 아이들은 귀를 쫑긋했다.

"잊지 말고 자기가 좋아하는 물건을 하나씩 꼭 가져와야 해요."

아이들은 선뜻 대답은 했지만 집에 있는 물건 중에서 어떤 것을 가장 좋은 것으로 선택해야 할지 금방 결정하지 못하는 눈치였다.

아이들 한 떼가 막 교문을 나서는 바로 그때였다. 카톡이 울렸다.

"내일, 토요일 11시, '맛난 피자집'으로!! 준혁이가 한턱 쏜대."

단톡방 지킴이 상민이가 문자랑 먹방 이모티콘까지 올렸다.

'웬일?'
'내일이 무슨 날이람?'

궁금해진 아이들의 댓글이 카톡을 두드렸다.

'아이 돈 노.'

'누구든?'

'우리 반 친구면 오케잉.'

'맛난 피자집'은 이름난 곳이었다. 그래서 피자값이 만만치 않아 아이들이 쉽게 찾지 못했던 곳이었다.

이튿날이었다.

약속 시간보다 일찍 피자집 앞에 나온 준혁이가 아이들을 맞았다. 준혁이 아빠도 나와 있었다.

"'좋아해.' 준혁이!"

"'좋아해요.' 준혁이 아빠!"

아이들의 손을 일일이 잡아 주는 준혁이 아빠의 입가에 웃음이 번져 있었다. 평소에 준혁이의 얼굴에서 보았던 것과 똑같은 웃음꽃이었다.

'맛난 피자집'은 예상대로 아주 넓었다. 준혁이네 반 서른 명 아이들이 앉고도 비어 있는 자리가 엄청나게 많이 남았으니 말이다.

"오늘, 무슨 날이야?"

가까이 다가와 묻는 혜련이에게 준혁이는 대답 대신 싱긋 웃어 보였다.

"얘들아! 배고프겠다."

준혁이 아빠가 카운터 쪽으로 손짓하자 피자집 주인이 메뉴판이랑 메모지를 가지고 왔다.

'굿엔 굿 치킨 피자', '콤비네이션피자', '불고기피자', '고구마피자', '포테이토피자', '치즈피자'…. 아이들이 저마다 좋아하는 피자를 주문하느라 웅성거렸다.

 그때, 스르르 열리는 문 쪽으로 눈을 돌린 몇몇 아이들이 화들짝 놀랐다.

 "선생님!"

 자리에서 일어난 아이들의 눈이 휘둥그레졌다. 그런 아이들을 향해 가볍게 손을 흔들어 보이는 선생님의 얼굴이 빨개졌다.

 "모두 놀랐니? 내가 와서."

 바쁘게 달려오셨는지 선생님의 이마에 땀방울이 송글송글 맺혔다. 선생님에게 인사를 건넨 준혁이 아빠가 호주머니에서 꺼낸 손수건을 건넸다.

 잠시 후 아이들이 주문한 피자가 나왔다.

 "얘들아. 오늘은 말이다."

 선생님이 일어나 말을 꺼냈다.

 "선생님은 여태껏 좋은 친구로 사이좋게 지내 주어서 정말 고마웠다. 오늘은 너희들을 위해서 준혁이 아빠가 이렇게 좋은 자리를 마련해 주셨단다."

 "'좋아해요.' 준혁이 아빠!"

 아이들이 엄지와 검지로 만든 작은 하트를 준형이 아빠에게로 보냈다.

 "'좋아해.' 아이들아!"

 준혁이 아빠도 두 팔로 머리 위에다 큰 하트를 만들어 보였다.

 따스하고 달콤한 냄새가 나는 피자는 보기만 해도 군침이 돌았다. 정말이었다. 소문대로 피자 맛이 보통이 아니었다. 여태껏 이렇게 맛난 피자를 먹어 본 적이 없었다. 게다가 시원한 음료수랑 아이스크림 후식도 입맛에 딱 맞았다.
"흐흐흐. 내일도 오늘같이 좋은 날이었으면….'"
금방 제 몫을 먹어 치운 상일이가 불룩 나온 배를 쓰다듬으며 히죽거렸다.
준혁이가 일어났다.
"애들아! 놀다가 가는 게 어떨까? 우리 집에서.'"
"'좋아요.' '좋아요.'"
약속이라도 하듯 아이들이 준혁이를 따라나섰다.
"그래그래. 잘 놀다 가거라. 나랑 선생님은 빠질게."
준혁이 아빠가 슬며시 아이들의 등을 떠밀었다.
맛난 피자집을 나와 얼마를 걸었을까. 준혁이가 발걸음을 멈췄다.
"와아! 이제 네 집이야?"
아이들이 입을 벌렸다. 겉보기에도 어마어마한 저택이었다. 대문 기둥에 달린 버튼을 누르자 커다란 대문이 소리 없이 열렸다. 마당으로 들어섰다. 파란 잔디로 덮인 드넓은 정원이 한눈에 들어왔다. 정원 가장자리에 초여름에 피어나 여태껏 지지 않는 노란 금계국이 가는 허리를 굽히며 반겨 주었다. 군데군데 무더기로 심어 놓은 맥문동이 예쁜 보라색 꽃을 피웠다. 긴 꽃대 위에 연한 자줏빛으로 피어난 비비추, 잎이 완전히 없어진 후에 꽃이 핀다는 상사화 등 갖가지 꽃들이 흐드러지게 피어 있었다.
현관문을 들어섰다. 집안이 교실 몇 개를 합친 것보다 더 컸다. 벽면과 바닥 여기저기에 값진 물건들이 장식되어 눈이 부셨다. 보통 아파트 크기만 한 준혁이의 방은 여러 칸으로 분리되어 있었다. 한쪽에는 책장과 책상이 있었고 다른 놀이 공간에는 값비싼 장식품과 장난감으로 그득했다.

준혁이 아빠가 우리나라에서 유명한 벤처기업의 사장이라던 소문이 거짓말이 아니었다. 집안과 정원을 드나들며 정신없이 노느라 시간 가는 줄 몰랐다.

"'좋아해.' 친구야!"

서로서로 인사를 나누고 집으로 돌아가는 시간은 저녁때였다.

드디어 월요일, 재량시간이 다가왔다.

"자. 지금부터 가장 좋아하는 물건과 그 이유를 발표하는 시간을 갖겠어요."

언제나 웃는 얼굴로 친절했던 선생님, 시원한 파란색 원피스를 차려입은 선생님이 오늘따라 선녀처럼 예뻐 보였다.

선생님의 말이 떨어지기 바쁘게 아이들은 집에서 가지고 온 물건을 책상 위에 올려놓았다.

맨 먼저 앞에 나간 철민이가 스마트 폰을 번쩍 들어 보였다.

"학교를 파하고 집이나 학원으로 갈 때면 꼭 이 폰으로 엄마랑 통화합니다. 그러면 직장에서 일하고 있는 엄마가 안심하거든요. 그래서 이 폰을 가장 좋아합니다."

다음은 창연이 차례였다.

"내가 가장 좋아하는 '닌텐도 게임기'입니다. 텔레비전과 연결해서 리모컨을 야구 배트처럼 쥐고 직접 야구 게임을 재미있게 할 수 있기 때문입니다."

닌텐도 게임기에 대한 설명이 조금 부족했지만 야구를 좋아하는 창연이에겐 틀림없이 가장 좋은 물건이었을 것이다.

저마다 가져온 물건 중에는 게임을 할 때 현금으로 쓰이는 '기프트 카드'랑 '포켓몬'도 있었다. 만들기를 잘하는 혜련이가 가장 좋아하는 물건은 늘어지면서 끈적끈적한 촉감 장난감 '슬라임 세트'였다. 몇몇 여자아이는 '인형'과 휴대전화와 아파트 열쇠를 넣을 수 있는 작은 '크로스 백'을 가져오기도 했다.

준혁이가 발표할 차례였다. 그때까지 준혁이의 책상 위에는 아무것도 놓여 있지 않았다. 이상했다. 엊그제 준혁이네 집에서 본 물건 중에는 분명히 진귀한 것들이 많았는데 말이다.

준혁이가 슬며시 일어나 앞으로 나갔다. 역시 손에 쥐고 있는 것은 아무것도 없었다. 의아해진 아이들은 연신 고개를 갸우뚱했다. 잠시 망설이며 서 있는 준혁이에게 아이들의 눈이 모아졌다. 이윽고 준혁이가 호주머니에서 무언가를 꺼냈다. 순간 아이들은 깜짝 놀랐다. 준혁이가 꺼낸 것은 손때가 묻은 끈이었다.

"아니, 저건?"

소스라치게 놀란 아이들이 소리쳤다.

"이건 엄마가 원피스를 입을 때 허리에 매는 끈입니다."

아이들을 향해 끈을 들어 보이는 준혁이의 두 손이 파르르 떨었다. 갑자기 교실에는 무거운 침묵이 내려앉았다.

"나는 어릴 적부터 엄마랑 외출할 때면 이 원피스 끈을 잡고 다녔습니다. 처음엔 엄마를 잃어버릴까 봐 겁이 나서 그랬지만 이 끈을 쥐고 있으면 마음이 아주 편했거든요. 그런 내게 엄마는 일부러 한쪽 끝을 길게 한 원피스 끈을 내 손에 꼬옥 쥐어 주곤 했답니다.”
 여기까지 말한 준혁이의 얼굴이 벌겋게 달아올랐다.
 “그런데 지난겨울, 엄마는 그만 하늘나라로 가 버렸어요. 여태껏 엄마가 무슨 병으로 돌아가셨는지 내게 가르쳐 준 사람은 아무도 없습니다. 엄마의 옷장에서 찾아낸 원피스 끈을 고이 간직해 왔습니다. 엄마가 보고 싶어 견딜 수 없는 밤이면 이 끈을 꼬옥 쥐고 잡니다. 엄마의 냄새가 묻어 있는 이 끈을 나는 이 세상에서 제일 좋아합니다.”
 떨리는 목소리로 발표를 마친 준혁이의 두 눈이 그렁그렁했다. 반 아이들의 눈가에도 이슬이 맺혔다. 선생님이 자리로 들어가려는 준혁이의 어깨를 감싸안았다. 순간 준혁이가 선생님께 안겨 버렸다. 선생님의 품속에서 물씬 엄마 냄새가 났다. 준혁이의 볼에 참았던 눈물이 흘러내렸다. 준혁이의 손에는 선생님의 원피스 끈 한쪽이 쥐어 있었다.
 “울지 마. 내가 엄마가 되어 줄게.”
 선생님이 혼잣말로 속삭였다.
 “'좋아해.' 준혁이!”
 반 아이들이 입을 모아 소리쳤다. 멀리 교문 쪽에서 바람이 불어왔다. 교실 앞 화단에 서 있는 단풍나무가 이파리를 파르르 떨어댔다. 늦더위에 지쳐 있던 매미들이 일제히 노래를 불렀다. 준혁이의 슬픈 마음을 달래 주려는 듯 말이다.
 세 가지 비밀!
 하나, 아이들에게 '좋아요.'를 가르쳐 준 담임 선생님은 여태껏 결혼하지 않고 혼자 살고 있었다는 비밀이다.

둘, 어릴 적, 선생님과 준혁이 아빠는 한 동네에서 살았고 초등학교를 함께 다녔던 오랜 친구였다는 비밀이다.

셋, 가을이 시작될 때쯤 준혁이는 새엄마가 된 선생님과 좋은 날을 보내고 있었다는 비밀이다.

세 가지, 준혁이네 반 아이들이 늦게서야 알게 된 비밀이었다.

권영호(의성)

1980년 기독교아동문학상에 동화「욱이와 피라미」당선, 2009년 계간『에세이문학』봄호 수필「선착순 집합」천료. 제17회 문학세계문학상 동화 대상, 제6회 경북작가상 수상, 제64회 경상북도 문화상 수상(문학 부문). 한국문인협회, 한국아동문학인협회, 새바람아동문학회, 의성문협지부 회장 역임, (현)경북문인협회 아동문학분과 위원장. 창작동화『날아간 못난이』,『봄을 당기는 아이』,『바람개비』등.
uskyh@hanmail.net

희곡

화장하는 중입니다

권해솜

등장인물

기대성, 남 70세
배도남, 남 74세
나순례, 여 72세
성연우, 남 45세

사람들의 목소리가 웅성웅성 들린다. 힘없이 신발을 끄는 듯한 느린 걸음걸이 소리, 울거나 통곡하는 소리 혹은 웃는 소리도 들린다. 인생이 끝난 뒤, 화장터의 풍경이다.
막이 열리면 번호표를 든 이들이 무대로 들어온다. 자기 자리를 찾아 앉는다. 곧 화장터의 안내방송이 들린다.

안내 방송: 이곳은 고인을 모시는 경건한 장소입니다. 고인이 편안히 가실 수 있도록 엄숙한 분위기를 유지해 주시기를 바랍니다. 화장 시간은 1시간 10분 정도 소요되므로 유족 분께서는 2층 유족 대기실로 이동하여 주십시오.

잠시 뒤. 모든 관에 불붙는 소리가 들린다. 거의 동시에 유가족과 지인이 통곡하는 소리가 들린다. 나순례는 가족이 바라다보이는 듯 같이 통곡한다.

나순례: 애들아, 엄마 간다! 냉동실에 2년 다 돼 가는 바지락 있어. 그거 혹시나 찾게 됨 먹지 말고 버려! 그리고 우리 새리 이빨에 치석 잘 끼니까 부지런히 칫솔질해 주고…. 아! 그리고 새리 관절이 너무 약해. 사료 먹일 때 꼭 섞어 주고…. 칼슘 그거 비싼 거야! 싱크대 어딘가에 있으니 찾아 먹여.

배도남도 가족을 바라보며 구슬피 운다.

배도남: 애들아, 밥 잘 챙겨 먹고. 이렇게 가서 미안하다! 건강해!

기대성은 멍하니 앞만 바라본다. 뭔가 골똘히 생각하더니 입가에 미소를 띠고 세상과 안녕을 고한다.

기대성: 난 미련 없습니다. 잘 살았고, 또…, 죽었는데 뭔들 무슨 소용입니까.

이들 중 젊어 보이는 성연우는 얼굴에 눈물이 범벅이다. 현실을 받아들이지 못한 듯 훌쩍이며 안절부절못하는 모습이다.

성연우: 아니 정신 차리고 보니 죽은 게 말이나 돼요? 내 남은 인

생, 아까워서 어째요!

슬픔도 잠시. 유족의 통곡이 잦아든다. 정적과 함께 발걸음을 옮기는 소리와 함께 소소한 대화 소리가 들린다.

유가족1: 원래 화장을 다른 사람들이랑 한꺼번에 하는 거야? 눈물이 나오다 마네.
유가족2: 식권 사 왔어요. 식사해요.
유가족1: 그래. 가자.
유가족3: 육개장이면 안 먹을래요.
유가족2: 반납해도 된다니까 먹기 싫으면 말어.
유가족2: 뭐가 있는데?
유가족3: 육개…
유가족2: 안 먹….
유가족3: … 장, 황태해장국, 곰탕, 만둣국.
유가족2: 황태해장국 먹어야겠다. 배고파. 빨리 가자.
유가족1: 나 담배 좀 피우고 따라갈게, 나는 만둣국.

이제 고인들만의 시간이다. 고인들에게만 알리는 안내 방송이 나온다. 목소리는 낮고 느릿하다.

안내 방송: 고인들에게 알립니다. 지금 여러분의 육신을 화장하고 있습니다. 이곳은 이승에서의 모든 감정을 내려놓는

마지막 공간이기도 합니다. 화장이 끝나고 나면 여러분의 기억은 완전히 소멸합니다. 그전까지 많이 얘기하시고 각자 인생을 내려놓는 시간을 가져 주시길 바랍니다. 안전하게 깨끗하게 잘 모시겠습니다. 삼가 고인의 명복을 빕니다.

나순례: 아휴, 뜨거워 죽겠네!

기대성: 무슨 한증 사우나 같네요.

배도남: 적응될 거니까, 조금만 참아 보죠.

나순례: 근데 우리 아들, 딸년 참 엄마 서운하게 하네. 자기들 엄마가 한창나이에 죽었는데, 눈물이 빨리도 마른다.

기대성: 산 사람은 살아야죠. 지켜보면 뭐 합니까?

나순례: 예전에는 화장하는 걸 다 쳐다봤던 거 같은데요, 요즘 이상하다. 싹 커튼을 치고 안 보여 주네.

배도남: 그러게요. 저도 아버지 돌아가시고 화장하는 시간 내내 소리 내서 엉엉 울었는데, 이제는 보여주지 않나 봅니다.

나순례: 사람들 야박하네. 죽어 보니 알겠어. 산 사람 위주로 죄다 돌아가잖아요, 세상이!

기대성: 당연하죠. 우린 죽지 않았습니까? 최고급 서비스를 한들 망자가 다시 살 것도 아니고, 인터넷 후기 써 줄 것도 아니고요. 안 그래요?

나순례: 산 사람들이 거짓말을 하잖아요?

기대성: 네?

나순례: 고인을 모시는 자리라면서요. 고인을 위해 엄숙히 해 달라잖아요. 자기네들끼리만 경건한 거지. 죽고 보니 나를 위한 거 뭐…. 없네, 없어.

기대성: 여기 왔으면 끝이지 왜 그래요.

나순례: 이 좁디좁은 한 장소에서 한날한시, 같이 태워지고 있잖아요.

기대성: 저는 좋은데요? 혼자 왔다 혼자 간다더니 길동무가 있지 않습니까?

배도남: 그러게 말입니다. 우리 몸이 활활 잘 태워지면, 좋은 곳으로 인도해 주겠죠.

나순례: 이것들아! 엄마가 이렇게 새파랄 때 죽어서 한 줌 재가 되고 있는데, 메뉴 고민하는 거 안 미안하냐!

배도남: 그만 신경 쓰세요.

나순례: 마지막 가는 길인데 너무 하네요. 이게 고인을 위한 화장터의 자세인가요?

배도남: 왜 그러십니까. 고인들에게 알리는 안내 방송도 있으니 그저 시체 취급만 하는 게 아니잖아요.

기대성: 다 타고 나면 각자 갈 길 가야 하니까 힘 빼지 맙시다.

나순례: 그냥 아쉬워서 그렇죠. 뭐든.

기대성: 이젠 돌아갈 육신도 없어요. 이번 생은 마무리된 거라고요. 우리 이렇게 만난 것도 인연인데 이름이나 좀 압시다. 기대성입니다. 저는 간경변이 악화하다가 간암으로 죽었습니다.

나순례: 나순례입니다. 길게 오래 아팠어요. 나 병 수발 드는 거 애들이 많이 힘들어했어요.

기대성: 무슨 병이었는지 물어봐도 되겠습니까?

나순례: 아, 저 유방암이요.

배도남: 고생 많으셨겠네요.

나순례: 암튼 제 성격이 좀… 까탈? 깔끔해서 애들한테 짜증을 얼마나 냈는지. 서로 있는 짜증 없는 짜증 다 냈다고요.

기대성: 자식 분들 참 착해 보이던걸요.

나순례: 착하긴요. 나 죽고 일 치렀으니까 이것들 얼굴이 핀 거죠.

배도남: 거, 가는 마당에 좋게좋게 좀….

나순례: 저는 아주 오래오래 길게 아팠어요. 그냥 우리 애들이 착해 보여도 병원비 문제 생기니까 싸우고, 병원에 오느니 마느니, 다시 안 본다네 뭐라네 미친 듯이 싸웠어요. 이제 그 꼴 안 보니까 그냥 기분 좋아.

기대성: 자식들이 힘들었을 것도 같습니다. 그 순례 씨 기분이 좋았다, 안 좋았다가. 지랄 맞….

나순례: 내가 그랬잖아요. 맞추기 힘들었을 거라고. 아 맞다! 나 죽어서 좋은 게 있어요.

기대성: 뭐가 말입니까?

나순례: 등에 욕창 없는 거요. (옷 등 부분을 가리키며) 이거 봐요, 피딱지도 없잖아. 하도 누워 있고 잘 움직이지 못해서 욕창이 생겼다니까요, 이 나이에. 곪은 데 또 곪고. 소독할 때마다 하느님, 부처님! 너무 아팠어요.

기대성: 죽기 전까지 고생하셨네요.

나순례: 간병인도 우리 애들도 사실 손목이 남아나는 데가 없어. 아프다고 하도 잡고 꼬집어서 손톱자국이 생겼거든요.

기대성: 딱하기도 하셔라.

나순례: 아픈 내가 딱했다는 거죠? 배우님?

기대성: 그럼요. 산 사람… 걱정하겠습니까?

나순례: 그렇죠? 아, 그리고 이거 남자 분들에게 남사스러운 얘긴데 해도 될까 몰라요?

기대성: 또 뭔데 말입니까?

나순례: 우리 딸아이가 나 입관할 때 뽕브라를 입혀 줬어요.

배도남: (나순례 가슴을 지긋이 바라보며) 착하네요. 참. (놀라며) 아, 죽어서도 엄마의 기를 살려 주는 뭐 그런 거였을까요?

나순례: 한창 즐길 나이에 유방암에 걸려서 사는 동안 볼품없어서 속상했었단 말이죠. 여자는 아파도 늙어도 여자라나 뭐라나. 가는 길에 뽕브라도 선물 받고요. 이 맛에 죽나 봐.

기대성: 맞네, 욕은 해도. 딸자식이 있으니까 좋으셨겠어요. 저도 생각해 보니 아프지 않아서 좋습니다.

나순례: 거봐요. 죽는 게 꼭 나쁜 것만은 아니죠?

기대성: 맞아요. 인공호흡기도 없고, 허리가 찌뿌둥하지도 않네요. 문제는?

배도남: 문제는?

기대성: 죽을 만큼 아프고 나면 살 줄 알았는데, 죽었네요. 허허. (배도남을 보며) 혹시 자기소개 좀.

배도남: 배도남입니다. 저도 몸에 뭔가 문제가 있었던 걸로 기억
나는데. 정확하게 어떤 상황인지는 기억이 좀 나지 않습
니다.

잠시 정적.

기대성: 혹시 실례가 되지 않는다면 연세가…?
배도남: 향년 일흔넷 됐습니다.
기대성: 저보다 네 살 형님이시네요. 향년 70세입니다.
나순례: 숙녀 나이는 물어보지 마세요.
기대성: 아, 알겠습니다.

훌쩍거리는 성연우 쪽으로 눈길이 모인다.

나순례: 거기, 이봐요?
성연우: (꺼이꺼이 숨이 넘어가며) 네!
나순례: 네, 이름이 뭐예요? 응? 이름!
성연우: 성, 연, 우, 입니다.

숨이 넘어가고, 콧물과 눈물이 범벅이다. 얼굴이 끈적해 보이고
그냥 더럽다.

나순례: 더러워 못 봐 주겠네. 마음 좀 가라앉혀요.

성연우: 네, 에, 에.

기대성: 내버려 둬요.

나순례: (성연우에게) 그래. 울어요.

성연우: 네, 에, 에, 에.

나순례: 근데 좀, 좀! 조용히 좀 울어요. 여기가 개인 화장터예요?

성연우 입을 막고 꽉 다물어 모든 소리를 몸 안으로 삼켜 운다.

기대성: 그냥 놔두세요. 현실을 아직 못 받아들일 수 있잖아요.

나순례: 나도 잘 울어요. 나도 속상해. 아까부터 울음을 그치지 않으니까 그렇죠. 근데요.

기대성: 네.

나순례: 배우 맞으시죠? 뭔 드라마에 아주 오래 나오셨는데?

기대성: '불친절한 영자 엄마' 말씀이신가 봅니다. 아이고, 저 같은 삼류 배우를 다 기억해 주시고, 고맙습니다.

나순례: 아니, 왜 그러세요. 자상한 영자 아빠로 친구들 사이에서 인기 많으셨어요.

배도남: 안 그래도 제 관 바로 앞에 대기하셔서 궁금했습니다.

기대성: 아니 그럼, 그 제 뒤에 있던 '국가유공자 분'이시군요. 이거 영광입니다.

배도남: 아니, 뭘요.

기대성: 태극기에 싸인 관을 보니 뭉클하더라고요. 혹시 국가유공자시면 어디에서 어떤?

배도남: 아, 베트남에 좀 다녀왔습니다. 나름 특수임무를 수행했고요.

기대성: 특수임무라면, 귀신 잡는 해병대?

배도남: 아니요. 그때 우리군 해병대는 요즘 휴양지로 유명한 다낭에 있었고요. 저는 호찌민 주월한국군사령부에서….

기대성: 첩보전?

배도남: 사령관님께 서예를 가르쳤습니다.

기대성: 아니, 전장에서 예술혼까지!

배도남: 네. 사령관이 서예에 조예가 깊으셨습니다.

기대성: 그리고 또 어떤? 총알이 빗발치는 전장에서 느끼는 공포랄까?

배도남: 적들의 움직임이 감지되면 바로 지하 벙커로 갔죠. 사령관과 함께요.

기대성: 역사적으로 잔인한 전쟁으로 기억되고 있잖습니까?

배도남: 글쎄요. 제 기억 속 호찌민은 평온했습니다.

기대성: 암튼! 이런 인연이! 저도 영화 촬영차 호찌민에 다녀왔습니다. 제가 영화 '국제중앙시장'에 잠깐 출연했거든요.

나순례: 아 그, 천만 관객 정… 정, 정민, 오정민이가 나왔던 그 영화 말씀이죠?

기대성: 아이고, 부끄럽습니다. 그때 제가 남진 역할….

나순례: 하셨구나.

기대성: 이러면 영화를 보지 않은 것 같은데요? 그건 당시 최고 아이돌 출신이 했고요. 저는 그 옆에….

나순례: 옆이요?

기대성: 옆에, 옆에서 밧줄 잡고 있었습니다.

나순례: 어려운 역할 하셨네요. 숨은! 공신! 천만 배우를 이렇게라도 뵙습니다.

기대성: 아니요, 아닙니다. 그래도 영화 찍을 때가 생생합니다. 베트콩 적진에 침투하는 장면이 있었거든요. 공포탄이었는데도 오줌 쌀… 뻔, 아니 쌌거든요. 너무 무서웠습니다.

나순례: 아무튼 나라 지키신 국가유공자도 만나고, 연예인도 만나고 말이죠. 죽는 게 꼭 슬픈 것만은 아니네요.

기대성: 아깐 고인 인권운동가 같으시더니 마음이 좀 풀어지셨나 봅니다.

나순례: 가는 마당이잖아요. 그런데 기분 좋게 단체 셀카 찍고 싶다! 요게 쪼끔 그렇네요. 자랑할 데가 없어. 그나저나 거기 총각! 그만 울어!

괴로워하는 성연우는 퉁퉁 부은 눈으로 나순례를 쳐다본다.

성연우: …….

나순례: 거기 앉아서 훌쩍대지 말고 이리 와요.

성연우: 아닙니다. 괜찮습니다.

나순례: 내가 안 괜찮아요. 어서!

성연우가 마지못해 고인들 가까이 온다.

기대성: 각자 갈 길 갈 시간도 몇 분 남지 않았습니다. 지금 우리 뒤에도 화장할 고인들 많은 거 못 보셨어요?

나순례: 저기 말이에요, 젊은 동생. 죽음은 슬픈 일이긴 해요. 계속 이렇게 울고만 있을 수는 없지 않아요?

기대성: 그냥, 이러지 말고 얘기를 해 봐요.

나순례: 그래! 아무 얘기나! 막 생각나는 대로.

성연우: 저…. 정신을 차리고 보니 사망선고를 받고 있었어요. 인생의 한 부분이 통째로 날아간 기분입니다.

배도남: 모를 수도 있죠. 저도 제 몸에 이상이 있었던 거 같은데 딱히 죽을 때 기억이 없습니다.

나순례: 에이, 나이 든 사람은 좀 깜박깜박한다 치더라도, 연우 씨는 젊은 사람인데… 뭔 사고가 있었나?

성연우: 모르겠습니다. 그냥 멍하고 다 가물가물하고 말이죠.

나순례: 그럼! 누가 죽였나? 약을 타서? 아님 (작은 목소리로) 자살?

기대성: 아니, 깨어 보니 망자가 됐다는 사람한테 무슨 말이 그래요?

나순례: 어머머, 내가 상상력이 풍부해요. 미안해요. 아이고, 어쩌다가! 쯧쯧….

성연우: 빌어먹을 기억! 그냥 마음이 무거워요. 내가 정말 해서는 안 될 선택을 한 건 아닌가. 나도 모르는 사이 무슨 일이 벌어졌을까. 이런 생각이 머리에서 떠나지 않아요.

나순례: 뭘 하고 살았기에 이러시나…. (성연우의 얼굴을 빤히 보다) 눈물, 콧물 사라지니 한 얼굴 하네. 잘생겼어.

성연우: (흐느끼며) 그런 소리 많이 들었어요.

기대성: 잘생겼다는 말에 엄청나게 반응하네. 참. 그 이봐요?

성연우: 네, 배우님.

기대성: 대단히 큰 죄는 아닐 듯하니 그냥 잊어요. 인생 살다 보면 나쁜 사람도, 착한 사람도 되는 거지, 안 그래요?

나순례: 큰 병이 있었던 건가…. 보아하니 나는 유방암, 여긴 간암. 저 사람도 어디 이상한 거 같다고 했고.

성연우: 그건 맞아요. 길 가다 넘어져서 동네병원에 갔더니 단순히 뼈 문제만이 아닌 거 같다면서 큰 병원으로 바로 보내줬던 기억이 있습니다.

나순례: 어머나!

성연우: 간암, 폐암에 뼈암까지…. 온몸에 암 덩어리가 많이 퍼져 있었어요. 1차 항암을 한 이후로 제 기억이 없어요.

나순례: 그럼 우리, 어디 같이 모여 있다 온 건가? 다들 큰 병이 있었네.

배도남: 그러네. 연우 씨 아주 크게 아팠어요. 아팠던 겁니다. 그 사이 나쁜 짓 할 일은 없었겠네요. 그래서 그때 기억을 잃었나 보죠.

성연우: 인생 속 한 장면이 통편집 된 느낌이라고요. 그런데 오늘이 며칠이라고 했죠?

나순례: 7월 5일? 연도는 2024년이고.

성연우: 6개월이 삭제됐다는 뜻이에요.

나순례: 그럼 딱 6개월 아팠던 거네. 젊은 사람이 발병하고 정말 손도 못 쓰고 우리처럼 늙은 사람들이랑 몸이 타들어 가

고 있었네.

기대성: 내려놓아요.

성연우: (단념한 듯) 네. 노력해야죠. 걱정해 봤자, 해결하지도 못하잖아요.

나순례: 아, 죽었잖아요. 다음 생에 잘 살면 되지. 혹시 이승에서 죄라도 좀 지었으면, 저승에서 벌 좀 받고. 그래서 전생 세탁도 하고, 응?

성연우: 여기 계신 어르신들은 인생 후회 없이 말씀하시지만, 저 올해 딱 마흔다섯입니다.

나순례: 우리 딸이랑 동갑이네. 아깝다.

성연우: 그러니까요. 암 선고받고 얼마 되지도 않아서 한 줌 재로 남게 되는 거 같아요.

배도남: 저 또한 어떤 일로 생을 마감했는지 모르겠습니다만, 화장이 끝나면 많은 여정이 기다리고 있다고 하니 너무 기운 빼지 마세요.

기대성: 그런데 아까 어떤 여자 분이 대성통곡하시더라고요. 와이프요?

성연우: 무슨 그런 말씀을! 제 마지막 댄스 파트너였을 겁니다. 저보다 한참 누님이신데, 장례식장에서 너무 우셔서….

기대성: 아, 댄스 파트너가 얼마나 슬펐으면….

성연우: 창피했습니다. 큰누나가 제 영정 사진 보고 쌍욕 하셨어요.

기대성: 아니, 왜요, 옛날에는 곡해 주는 사람도 고용했었는데요.

성연우: 술 먹고 사람들한테 그분이 시비 거셨거든요. 계속 제가

좋아하는 노래라고 장례식장에 신나는 음악 틀어 놓고요.

나순례: 어머. 분위기 좀 좋았겠네요? 그런데 무슨 춤을 췄기에 댄스 파트너가 있어요?

성연우: 그냥 유행하는 커플 댄스는 다 췄어요. 살사, 바차타, 키좀바, 지루박, 차차, 자이브 뭐 이런 거 다요. 누님도 혹시⋯ 춤추셨어요?

나순례: 나? 나는 이래 뵈도 우리 동네 체육센터 방송댄스반 출신이야! 그러다 애들 키울 때도 심심해서 친구 따라 콜라텍 좀 다녔지. 아이고! 다, 옛날이야.

배도남: 혹시, 남편을 두고 바람을 피셨다는 말씀일까요? 저는 바람피운 여자는 딱 별로라서요.

나순례: 참, 나! 춤이면 바람이 꼭 불어서 나오더라! 그냥 두루두루 춤만 췄어요. 학교 다닐 때도 포크댄스 배웠잖아요. 그게 그거지요. 운동도 되고 말이야! 안 그랭, 연우 군?

기대성: 어이구, 아깐 운다고 소리, 소리 지르더니 "안 그랭, 연우 군?" 성격이 방방 뛰어도 너무 뜁십니다. 자이브, 차차 뭐 그런 댄스가 어울리시겠어요.

나순례: 아니 난, 방송댄스랑 지르박만 알아요. 방송댄스는 추다가 무릎이 아파서 관뒀고. 암튼 영등포 황금마차에 자주 오던 선생님이 죽어라 지르박만 나를 잡고 가르쳐서 말이지. 아까 혹시 무슨 춤췄다고 했죠?

성연우: 누님 추신 춤은 다 췄다고 말씀드렸어요. 그런데 최근에는 좀 더 젊은 사람들이 추는 커플 댄스로 바꿔서 강습도

좀 했어요.

나순례: 어머! 나 좀 가르쳐 줘! 새로운 춤!

배도남: 당신 미쳤어? 이 상황에 춤이라니!

나순례: 아니, 왜 그래요, 아까부터!

배도남: 아, 미안합니다. 아니 오늘 처음 본 분에게 큰 실수를 저질렀습니다.

나순례: 이 사람 조용조용한 성격인 줄 알았는데 아니었네. 성격 이상하다.

성연우가 나순례를 붙잡고 커플 댄스 스텝을 가르쳐 준다. 곧 잘 따라 한다.

기대성: 순례 누님 활달함이 춤에서 나오셨나 봅니다.

나순례: 그냥 한때! 아프기 전까지!

성연우: 네, 생각보다 잘 따라오시는 거 같네요.

나순례: 나 이래봬도 인기 있었어요. 젊은 춤 선생들이 누님, 누님 그러면서 쫓아다녔다고요.

성연우: 그러셨을 것 같습니다.

나순례: 혹시, 나탈리라고 알아요? 제니는?

성연우: 그런 이름 쌔고 쌨잖아요.

성연우 옆에서 몸을 슬며시 움직이던 기대성이 춤에 관심을 보인다.

기대성: 나는 왜 배우 생활하면서 이런 춤을 안 배웠지? 연기 생활에 아주 도움 됐을 거 같은데 말이죠.

성연우, 나순례, 기대성 세 명이 즐겁게 시간을 보내는 것을 보자, 배도남이 화를 내기 시작한다.

배도남: 순례 씨 왜 이래요! 당신들은 또 왜 이러는 거야!
기대성: 형씨 점점 이상해지네.
성연우: 제가 죄송합니다. 괜히 춤을 춰서.
나순례: 아니, 아니! 연우 쌤은 잘못 없죠? 자꾸 조금 전부터 눈치를 주세요, 네?
배도남: 아니 나탈리는 뭐고, 제니는 또 뭐야? 이 사람이 살아생전 버릇 못 고치고 젊은 남자를 꾀려 드네!
나순례: 무슨 버릇? 당신이 날 알아? 꼬시긴 누굴 꼬셔요? 그냥 동호회에서 닉네임 부르는 거 몰라요?
배도남: 그래서 내가 그때 애 엄마를 못 찾은 건가, 가명을 써서.
나순례: 지금 무슨 말을 하는 거예요?
기대성: 화장도 끝나 가는데, 배도남 씨 왜 그러세요?
배도남: 뭔가 잘못됐던 게 분명해.

배도남이 갑자기 나순례의 멱살을 잡는다.

나순례: 악! 왜 계속 나한테 시비야!

배도남: 당신 왜 그랬어. 왜 날 배신했어!

나순례: 내가 누구였는데 당신을 배신해요. 이 손 안 놔!

배도남: 내가 오늘 널 죽이고 만다!

성연우: 형님, 죽은 사람을 또 어떻게 죽여요. 이제 우리 각자 갈 준비 해요!

기대성: 폭주하는 이유가 뭐야, 나쁜 감정 가지고 이렇게 떠나야 겠어?

배도남: 내가 이 여자 때문에 살 수가 없어. 지긋지긋해!

나순례: 악! 나 좀 놔줘요. 놓으라고!

성연우: 형님, 제발 이 손 놓으세요!

나순례: 악! 여보, 그만해!

배도남: 뭐! 이 여자가 지금 뭐라고 한 거야, 나한테!

나순례: 맞는 거 같아. 당신 내 남편이었어. 그리고…!

배도남: 내가! 내가? 왜 기억이 없지?

나순례: 여기 이 두 사람, 당신이 도와줬어. 조금 더 빨리 저승에 올 수 있게.

멱살을 잡고 있던 배도남의 손에 힘이 풀린다. 나순례는 기억이 난 듯 배도남을 따뜻하게 껴안는다. 암전.

안내 방송: 고인을 위한 안내 방송입니다. 10분 후면 얼마 남지 않은 여러분의 기억도 완전히 사라집니다. 어서 이생에서의 모든 감정을 정리하시고, 사후 세계 여행을 준

비하십시오. 고맙습니다.

무대가 밝아지면 파도 소리가 들리고 호젓한 곳이다. 조용하고 차분한 음악이 흐른다. 나순례와 기대성, 성연우가 테이블을 놓고 앉아 있다. 기대성과 나순례는 종이에 뭔가 쓰고 있고, 성연우는 그들을 몽롱한 눈빛으로 바라보고 있다. 잠시 뒤 나순례의 스마트폰 벨 소리가 울린다. 전화를 받지 않고 하던 일에 몰두하는 순례. 전화벨이 계속해서 울린다.

기대성: 왜 전화를 안 받아요?
나순례: (한참을 생각하다가 전화를 받으며) 어? 아니, 잤어. 놀라긴. 바쁘다며. 얼굴 보기 어렵네. 아프기는. 밥도 잘 먹고, 간병인도 안 괴롭히고. 욕창이 왜 안 없어지니. 쓰라리기가 무섭게 주사도 놔 주시네, 여긴. 암튼 잘 있어. 무슨 일이 있어? 아빠? 아빠가? 또, 왜? 알았어.
기대성: 왜요? 남편이 또 순례 씨가 집 나갔다고 찾는대요?
나순례: 네. 그러신다네요. 요새는 제가 바람났다면서, 남편이 "네 엄마…, 바람이 나서, 집을 나갔다."고 하신대요.
기대성: 지난번에도 오셔서 잘 돌보시다가, 저와 연우 씨를 보고 화내지 않았습니까?
나순례: (옅은 웃음을 보이며) 아, 왜 지난번에 연우 씨 잠깐 기운 차렸을 때 춤 가르쳤다고 보여 주고 했었잖아요.
기대성: 네.

나순례: 그때부터 저더러 춤바람이 났다고, 지금 어디냐고. 어디긴 어디야. 호스피스병원이지.

기대성: 남편 분은 지금 어디 계시는데요?

나순례: 저 찾으러 한참 전에 나갔다고 하니, 곧 여기 오겠죠.

기대성: 우리 지금 정말 바람피우는 모양새네요.

나순례: 그런가요.

기대성: 병원 안에 있지만, 바다가 보이고, 간병인은 가까이 없고. 뭔 일이라도 나면 우린 부를 사람도 없는 그런 곳에 있으니까요.

나순례: 아하하. 웃으면 아픈데 그래도 웃고 싶네요. 그 사람 생각에 제가 지금 남자 두 명이랑 바람난 거잖아요. 좋네요. 상대가 배우에 한참 어린 남자라서요.

기대성: 남편분도 보아하니 문제가 생긴 거 같은데.

나순례: 맞아요. 저 의심병이 하루 이틀이 아닌데. 알고 보니 그게 치매더라고요. 그런데 우리 자식들은 이미 저한테 시달렸잖아요. 남편까지 저러니까 짜증 나겠죠.

기대성: 속도 참 좋네. 순례 씨 상황도 그렇지만, 남편 분은 가족이 더 돌봐야지 싶습니다.

나순례: 좋은 기억만 안고 갔으면 싶은데, 참 쉽지 않아요. 죽고 나서 남편은 나를 어떻게 기억할까요. (잠시 생각에 잠겼다가) 젊었을 때 내 계획이 뭐였는지 아세요?

기대성: 글쎄요.

나순례: 남편 먼저 보내고 내가 일주일 후에 가는 거요.

기대성: 지금은요?

나순례: 상황이 좀 달라졌죠. 병원에서는 내가 곧 죽을 것처럼 말하니까, 현실적으로는 안 되는 거겠죠?

기대성: 그래도 마음은 평화롭지 않습니까?

나순례: 어떤 측면에서요? 내가 죽고 나서도 남편이 나 찾아다닐까 봐 안됐어요.

몽롱하게 둘 옆에 앉아 있던 성연우가 깬다.

성연우: 여기가 어디예요?

나순례: 간병인들에게 부탁해서 바다가 보이는 곳으로 나왔어요. 연우 씨는 좀 괜찮아요?

성연우: 정신이 없어요. 다 뒤죽박죽이에요. 침대에서 가시가 막 나와서 나를 찔러요.

나순례: 연우 씨 힘내요. 젊은 사람이 오래 살아야지.

성연우: 아무 기억조차 없이 세상 떠나면 어쩌죠. 무서워요. 이렇게 사느니 누가 좀 죽여 줬으면….

기대성: 죽는 날을 기다리는 것도 언젠가 끝이 나지 않겠어?

나순례: 이제 좀 끝이 보이는 거 같기도 하고요. 무섭기도 하고.

기대성: 괜찮다면 같은 날 이곳을 떠났으면 좋겠습니다. 길동무도 하고 외롭지 않게 말이죠.

이때 배도남이 나순례를 찾아온다.

나순례: 여보, 멀리 오느라 고생했어요.

배도남: 당신 왜 여기 있는 거야?

나순례: 나 아프잖아요. 아주 많이. 죽을 때가 되어서 나 호스피스 병원으로 옮겼는데 기억 안 나요?

배도남: 어디서 나한테 거짓말이야. 이거 봐 봐. 이 새끼들이랑 여기서 뭐 하는 거지?

나순례: (헛웃음이 난다) 여보, 나 집 나온 거 맞는데 바람피워서 나온 거 아니에요.

배도남: 지금 내 눈으로 보고 있는데, 자꾸 거짓말할 거야?

기대성: 지금 순례 씨가 많이 피곤하고 힘들어요. 자상하던 양반이 왜 그럽니까.

배도남: 누가 함부로 남의 여편네 이름을 막 불러! 너 죽고 싶어?

기대성: 듣던 중 반가운 소리네요, 언제 갈지 모를 날을 기다리느니 조금이라도 정신이 있을 때 가고 싶어요. 난 어차피 가족도 한국에 없어요. 돌봐 줄 누군가도 없고.

나순례: 정말 그러면 어쩌려고 그러세요. 지금 이 사람 정상이 아니란 거 잘 아시잖아요.

기대성: 매일 눈뜨면 죽지 않았을까, 언제쯤, 이 시간이 끝나나 싶어요.

성연우: (옅은 웃음을 지으며) 저도요. 혹시 혼자 가실 생각하지 말고 저도 데려가 줘요.

기대성: 알았어, 길동무. 내 손 놓치지 말고 잘 따라와.

나순례: (배도남을 보며) 여보 정신 좀 차리자. 곧 있으면 둘째가

여기 올 거야. 좀 잘 참고 있어, 어?

배도남: 여보, 당신 괜찮아?

나순례: 정신이 좀 돌아왔어? 기분은 어때?

배도남: 몰라, 모르겠어.

나순례: 여기, 나 입원한 병원에 당신이 혼자 왔어.

배도남: 내가? 어떻게 왔지? 어떻게 왔더라.

나순례: 시내버스 타고 내려서 이곳까지 오는 셔틀버스를 타고 왔을 거야. 운전면허 반납하고 쭉 그렇게 왔으니까. 내가 보고 싶었어?

배도남: 바람피운 여편네를 왜!

기대성: 여전히 오락가락하네. 제가 아직도 상간남으로 보이세요?

배도남: 그럼 아닙니까? 왜 남의 부인 데리고 여기까지 와서 사는데요! 여보, 집에 가자. 당장 가자.

나순례: 나 못 가요, 여보. 내 꼴을 봐. 지금 당신 따라 나가면 몇 발짝도 못 가서 쓰러진다고. 나도 점점 당신을 못 알아볼지도 몰라요.

배도남: 당신이 왜 나를 못 알아봐.

나순례: 지금 당신이 나를 못 알아보잖아. 여기 옆에 계신 분, 기대성 씨잖아. 예전에 우리 좋아하던 드라마에 나오셨던 분.

기대성: 저 기대성입니다. 예전에 제가 사인도 해 드리고, 함께 셀카도 찍으셨어요. 부인과 같이요.

나순례: 그리고 여기는 예전에 춤 가르치던 선생님, 연우 씨고….

배도남: 내가 다 안다고? 여기 이 사람들?

나순례: 응. 자기가 아는 사람들이야. 나 잘 돌봐 달라고, 친하게 지내 달라고 부탁하던 사람들. 여보?

배도남: 응, 말해.

나순례: 우리 모두를 생각해서 잠시만 정신을 좀 차려 줄래?

배도남: 같이 집에 가고 싶어. 저 사람들이랑 있지 마요.

나순례: 살 만큼 살았고, 나는 아플 만큼 아팠어. 나 이제 그만 이 곳에 있고 싶어.

배도남: 그래. 집에 가자.

나순례: 집 말고. 나 (하늘을 가리키며) 저기로 가고 싶어. 도와줘.

배도남: 지금은 안 돼. 나랑 있어, 제발.

나순례: 지금 정신이 좀 들었을 때 여기 있는 우리 좀 이생에서 놔 줘요, 제발. 이렇게 세상 떠날 날을 기다리는 거 그만하고 싶어.

기대성: 우리는 그냥 이 산소통만 닫아 주면 사실 죽은 목숨과도 같아요.

배도남: 싫습니다. 싫다고요! 여보, 하루라도 더 살아. 그럽시다!

성연우: 아, 너무 아파요. 온몸이 찢어지는 거 같아요.

나순례: 당신, 베트남에서 글씨만 쓴 거 아니라며. 사람도 죽여 봤다며.

배도남: 나 당신 없으면 안 되는 거 알잖아. 제발 살아.

나순례: 당신 또 이러다가 나 바람피우는 사람 만들 텐데 죽어서 미안하지 않겠어?

배도남: ….

나순례: 어?

배도남: 그래, 그럼 같이 가자.

파도 소리 점점 커진다. 배도남이 나순례를 바라보고 머리를 쓰다듬는다. 그리고 뭔가 결심한 듯 일어나 행동하기 시작하면 서서히 암전.

안내 방송: 화장이 곧 종료됩니다. 유족 분들께서는 1층 화장장 입구로 오셔서 유골을 인수하시기를 바랍니다. 다시 한번 말씀드리겠습니다….

사람들이 걷고 뛰는 소리, 웅성웅성 이야기하는 소리 사이로 각각 화장장이 입구가 열리는 철재 소리가 들린다. 조명이 켜지면, 각자 앉았던 자리에 유골함이 놓여 있다. 태극기로 싼 작은 유골 상자도 보인다. 막.

권해솜

前 MBC 보도본부 작가, 前 이투데이PNC, 데일리임팩트 기자. 現 국제사이버대학교 인터넷방송학과 교수. 9090ji@gmail.com

수필

피해자다움

권남희

'그런 환경에서도 문제를 일으키지 않고 학교를 잘 마치다니 ….'

아이들이 대학에 입학했을 때 친척이 건넨 말이다. 모르는 척 침묵하면서 분명 좋지 않은 일이 벌어지고 말거라는 생각으로 지켜본 것이다. 그렇게 되지 않기 위해, 평범하게 살아가기 위해 애를 쓴 시간들이 휘청거린다.

어린 여자와 신접살림을 차렸던 남편은 두 아이와 아내의 존재를 인정하려 들지 않았다. 가장이 흔들리자 우리들은 기세가 꺾이고 한없이 초라해져 버렸다. 집안 행사에 참석하면 어른들의 눈초리도 불편하고 무심코 던지는 말에 예민해졌다. 애첩 들이는 게 별일 아니었던 문중 어른들은 나에게 '광풍은 바람이 잠들어야 하니까 시끄럽게 하지 말고 네가 참아라.' 등 뻔한 말로 덮어 두려 했다.

우리 가족은 방치되고 냉대받으며 입을 다물어야 했다. 인생 패배자로 치부당하는데 각본대로 살아야 하는 틀이 있었던 것일까.

처음부터 나와 아이들 마음은 배려되지 않았으니 인격이 무시되는 순간은 많았다.

영화나 뉴스 등에는 힘든 일을 겪은 희생자들의 영상이 비슷한 패턴으로 반복되는 것을 본다. 여름 장마를 겪은 농민들의 하소연에서 변함없는 이미지 공식을 느끼고, 자연재해를 겪은 마을 사람들, 폭력 피해자, 성폭행 피해자, 아버지가 없는 가정이 겪는 가난함, 어머니가 없는 가정의 정서적 피폐함 등 각각의 틀이 있다. 여자와 아이들에게 가혹할 만큼 특정 지은 모습이 대부분이다. 눈 아래 다크서클이 내려앉은 음울한 얼굴로 무기력해진 채 알코올 중독에 빠졌거나 병에 걸린 처참한 몰골이다. 그래야 우월하다고 생각하는 주류사회의 도움을 끌어들일 수 있다는 이미지 전략이다. 눈물샘을 자극하면 후원금이 오고 생수 한 병이라도 건네받는다.

  동정받고 도움의 손길을 내밀게 해야 하는 피해자들은 살아가는 일에서 스스로 헤쳐 나가려는 긍정 태도를 멈춰야 하니 또 한 번 상처를 받게 된다. 웃고 뛰어놀고 밝게 살아가면 누가 누구를 배신하는 일인지.

  상담심리학자이면서 범죄심리학자인 김태성 교수의 『용서하지 않을 권리』 66페이지에 '피해자다움에 대한 집착'이 나온다.

  …. 통념상 피해자다운 행동 혹은 이상적인 피해자의 행동에는 두려움과 공포를 드러내는 것, 오랫동안 고통스러워하는 것이 포함된다. …. 실상 피해자다움은 주류사회의 시각이나 편견이 반영된 개념에 불과하다. …. 전형적 행동양식을 일컫는 피해자다움의 요구가 인식론적으로는 부도덕한 것이 맞으나 좁은 의미에서는 상식적으로 볼만한 방식으로 피해자가 행동해야 한다.

  알베르트 아인슈타인이 '상식이란, 18세까지 후천적으로 얻은 편견의 집합'이라 했는데 우리는 얼마나 많은 편견을 상식이라 믿고 주춧돌로 쌓으며 살아가는지.

한동안 사진작가의 사진 한 장이 마음에 걸려 있었다. 식량원조기구의 포스터다. 뼈만 남은 서너 살 정도 아이를 추가 달린 저울에 달아 올린 모습으로 흑백이지만 강력했다. 참혹하면서 논쟁의 여지가 있었다.
'너희들은 어떤 모습을 불행이라 치부하는지? 상대적 무게감으로 기울기가 달라지는 행복은 진짜 행복인 것일까…' 상징으로 질문을 던지는 것인지도 모른다.

한동안 아니 그 후로도 평생 동안이라고 생각한다.
아이들에게 우울감이 파도처럼 밀려들었을까. 눈만 뜨면 서로를 찾으며 참새처럼 수다 떨고 깔깔댔는데 말수는 줄어들고 눈치는 늘고 얼굴 표정은 어두웠다. 어미로서 자식이 기죽는 모습은 심장이 후들거리고 쫄아드는 일이었다.
이대로 죽기 싫다는 마음으로 나부터 공부했고 아이들에게도 세상에서 배울 수 있는 것은 다 배우라며 좋다는 선생은 열심히 찾아다녔다. 혹시 친구와 어울리고 싶어서 다니지 않을까 봐 친구들까지 묶어서 배움 교실에 등록해 주기도 했다.
동대문 운동장의 스포츠용품 판매점에서 탁구대를 주문하고 거실에 설치했다. 아이들과 탁구도 치며 집안을 개방했다. 아들 친구들은 탁구를 치러 와서 신나게 게임을 하며 소리를 지르기도 했다. 집 안의 창문을 큰 걸로 바꿔 햇빛이 들어오게 하고 꽃꽂이를 해 두었다. 분위기를 밝게 바꾸고 옷차림도 진분홍이나 하얀색으로 디자이너 옷을 사 입고 산뜻함 유지에 최선을 다했다.

아이들이 조금이라도 눈물 흘리고 우울해하면 나는 견디지 못하고 두 아이를 닦달했다.

'슬퍼할 시간에 공부해. 어떻게 너희들을 키웠는데….'

어둠에서도 오히려 스스로 치유의 시간을 갖는다는데 밝게 살아야 한다는 강박증으로 몰아붙였다.

이제 돌아보면 그런 나의 태도에 마음이 무너지는 듯 아프다.

'그렇게 화려하게 꾸미고 하고 싶은 짓 다 하고 다니는데 혹시 네가 가해자 아니냐? 남자관계 복잡해서 이혼했다는 말이 들리던데.'

이런 뒷말쯤이야 무시했던 내가 끝내 허물어졌던 적이 있다.

미국 학교를 마치고 외국 계열 회사에 다니던 딸에게 일방적으로 결혼 상대를 정해 만남 자리를 주선한 선배 앞에서 나는 크게 무너지고 말았다.

너희 아빠가 그랬으니까 상대를 낮춰서 결혼해야 한다는 충고와 함께 무직에 고등학교 중퇴 남을 소개한 것이다. 그 후 딸은 부모와 거리를 두기 시작했다. 연좌제도 아닌 괴상한 논리와 무례하다 싶은 훼손에 마음을 다쳤다. 자신의 인생에 끼어들 여지가 없다고 생각했던 아버지의 행실이 그렇게 느닷없이 크게 덮칠 줄은 몰랐던 것이다.

결혼생활을 이혼으로 마무리한 대통령 딸의 당당함은 능력으로 보이는데 아직도 전형적 잣대로 세상을 흔드는 이가 있어 아픔을 준다.

권남희 權南希

1987년 『월간문학』 수필 당선. 현재 (사)한국수필협회 이사장. (사)한국문인협회 수필분과 회장. 한국예술인 복지재단 이사 등. 수필집 『미시족』, 『어머니의 남자』, 『시간의 방. 혼자남다』, 『그대 삶의 붉은 포도밭』, 『육감 하이테크』, 『목마른 도시』, 『이제 유명해지지 않기로 했다』, 『민흘림 기둥을 세우다』 등 14권. stepany1218@hanmail.net

웃음은 삶의 꽃

支泉 권명오

웃으면 복이 온다. 웃는 얼굴이야말로 가장 아름다운 인간의 모습이다. 웃는 얼굴에는 침을 뱉을 수 없다는 속담이 있다. 웃음은 메마른 인간들의 가슴을 따듯하게 녹여 주고 감싸 주는 청량제나 다름이 없다. 만약 웃음이 없다면 세상이 너무 삭막하고 고달프고 힘들어 한세상 인생 여정이 지옥과 같을 것이다. 따듯하고 정겨운 웃음은 얼어붙은 가슴을 녹여 준다. 그런데도 웃음을 모르고 사는 사람들이 많이 있다. 특히 우리 한국 사람들은 웃음에 인색하고 무뚝뚝하고 경직된 얼굴 일색이다.

불필요한 웃음은 자제해야 된다는 견해도 있지만 웃는 것까지 조건을 붙인다면 너무나 고달프고 아름다운 인간미를 찾을 길이 없을 것이다. 우리는 외국 사람은 물론 동족인 한국 사람과 마주쳐도 무표정 일변도다. 필자 또한 예외가 아니었다.

미소와 웃음이 넘치는 미국 사람들 모습이 너무나 좋다. 그 때문에 웃으며 살려고 노력했는데 나도 모르게 잘 웃지 못하고 살아왔다. 미소와 웃음으로 사람들을 대하려고 열심히 노력하고 있다. 밝고 따듯한 웃음의 교환은 기쁨과 행복의 하모니이다. 남녀노소 사람과 사람 사이엔 웃음이 가장 아름다운 꽃이다. 미국 사람들은 마주치면 환하게 웃는다. 그런데 우리는 웃지 못하고 어색하게 지나친다. 참으로 모자라고 부끄럽다. 왜 우리는 먼저 웃음을 선사할 수가 없는지 깊이 헤아리고 웃으면서 인생 여정을 아름답게 가꾸어야 될 것이다.

　무엇보다 웃음이 생활화될 수 있도록 배우고 실천하자. 사람에 따라 웃음의 차이도 많고 다를 수 있겠지만 어찌 됐든 웃는 얼굴은 보기도 좋고 또 상대의 마음을 즐겁고 기쁘게 해 주는 신비한 꽃과 같다. 예쁘고 아름다운 선남선녀들도 미소와 웃음이 없으면 진선미가 결여된 향기 없는 조화들과 다름이 없다. 만약 사람들이 웃음이 없고 무표정에다 경직된 얼굴에 가시까지 돋아 있다면 악마의 표정과 다를 바가 없다. 자기의 모습은 어떠한가. 거울을 보면서 자신의 각가지 모습과 표정과 함께 웃는 얼굴을 비교해 보는 것도 좋을 것 같다. 그러면 여러 가지 답을 얻게 될 것이다.

　인생사 아무리 바쁘고 힘들어도 웃는데 돈과 시간이 필요치 않고 마음만 먹으면 누구나 쉽게 웃으면서 기쁨을 나누고 살 수가 있다. 먼저 상대에게 따뜻하고 환한 웃음을 전하자. 웃음을 교환하고 살면 즐겁고 기뻐질 것이다. 외국 사람들에게 먼저 웃음을 선사할 수 있는 아름다운 심성을 발휘하자. 그러면 따뜻하고 밝은 웃음이 돌아올 것이다. 각박하고 치열한 생존경쟁에 지친 심신의 웃음은 따뜻하고 기쁜 활기를 불어넣게 될 것이다.

　웃음이란 인간들에게만 베풀어진 특별하고 고귀한 하나님의 은총이다. 하나님이 베풀어 준 은혜는 받들지 못하는 것 또한 불충이다. 한세상 웃음까지 아까워서 애지중지 무덤까지 싸 들고 가는 사람들은 너무나 어리석고 안타깝고 허망한 인생 여정이 될 것이다.

　웃음은 자신은 물론 남을 기쁘고 즐겁게 할 수 있는 열쇠인 동시에 최고의 명약이다. 그 때문에 인류 역사에는 일생 동안 웃음을 선사하는 희극 배우들과 극작가들이 존재해 왔고 지금도 희극 배우들은 열심히 웃음을 선사하기 위해 심혈을 기울여 가며 삶의 보약이 될 웃음을 창조하기 위해 노력하고 있다. 나의 웃음은 내 것이면서도 남의 것일 수도 있다. 이기적인 이유와 목적이 있는 간교한 웃음은 가면이고 위장인 동시에 억지 조작된 악마의 실상이다. 웃음은 티 없이 맑고 따뜻해야 할 것이다.

사랑이 넘치는 웃음을 나누면서 짧고도 긴 인생 여정을 즐겁고 기쁘고 신바람 나게 아로새겨야 할 것이다.

支泉 권명오

칼럼니스트, 수필가, 시인, 미국 애틀랜타 한국학교 이사장, 애틀랜타 연극협회 초대회장 역임, 권명오 칼럼집(『Q형』 1, 2집), 애틀랜타 문학회 회원, 미주한인의 날 자랑스런 한인상, 국제문화예술상, 외교통상부 장관상, 신문예 수필 신인상 수상. richardkwon55@gmail.com

기후 스트레스

권민정

부엌 창문 앞에 서면 광교산이 보인다. 여러 종류의 나무 중에서 키 큰 적송 세 그루가 유독 눈에 잘 띈다. 잘생긴 탓도 있지만, 아파트에서 아주 가까이 서 있기 때문이다. 우리 아파트는 광교산 자락에 세워졌다. 단지 제일 위쪽에 있는 우리 집은 어쩌면 예전에는 깊은 산속이었는지 모른다.

바람이 몹시 사납게 부는 날이면 활엽수들은 온몸으로 광란의 춤을 춘다. 그러나 세 그루의 소나무는 덩실덩실 어깨춤만 출 뿐이다. 그 모습이 아주 점잖아서 나는 양반 나무라고 부른다.

11월에 첫눈이 내렸다. 얼마 전까지 단풍이 물들고 있었고 산책길에 땀을 닦아야 했는데 갑자기 추워지더니 펑펑 눈이 내렸다. 110년 만에 오는 폭설이다. 지붕 위에도 도로에도 나무에도 눈이 수북수북 쌓였다. 지역에 있는 초등학교는 휴교를 발표하여 손녀와 손자가 학교에 가지 않았고, 딸과 사위도 재택근무라고 했다. 온 세상이 하얗게 변했다. 바깥은 눈보라가 치고 있지만, 집 안에서 베란다 창을 통해 보는 세상은 너무나 아름다웠다. 나는 그칠 줄 모르고 내리는 눈을 보며 그 풍경을 즐겼다. 얼마 전에 읽은 한강의 작품 『흰』에서 나온 문장 하나를 생각하면서. "연약한 것, 사라지는 것, 압도적으로 아름다운 이것은 대체 무엇일까?"

다음날 그 나무를 보았다. 소나무 세 그루 중 하나가 거의 90도 허리가 휘어져 있는 것이다. 마치 짐을 허리에 잔뜩 지고 허리를 구부리고 있는 꼬부랑할머니 같았다. 한쪽에 유난히 잎이 많았는지 눈 무게를 이기지 못하고 왼쪽으로 휜 것이다. 저러다가 꺾이면 어쩌나 염려가 되었다. 며칠 지나 눈은 녹았지만 휘어진 가지는 제자리로 돌아오지 못했다. 나는 아침마다 소나무가 어떻게 되었을까 하고 가슴 졸이며 창문을 연다. 조금씩이라도 일어서기를 기대하며.

이번에 온 눈은 물을 많이 머금은 습설이라고 한다. 그래서 눈 무게가 무거워 비닐하우스 지붕이 내려앉고, 재래시장 지붕도 내려앉아 피해가 무척 컸다. 산에 나무도 피해를 많이 입었다고 한다. 눈의 무게를 이기지 못해 부러지거나 쓰러지거나 뿌리가 뽑히기도 했다.

올 3월에는 기후 위기로 허약해진 금강소나무 수백 그루가 폭설에 뿌리째 뽑히는 일이 있었다. 울진군 금강송면 일대에 약 40cm 폭설이 내린 뒤 금강소나무가 뿌리째 뽑혀 쓰러졌다는 것이다. 습설이 원인이긴 하지만 좀 더 근본적인 이유는 기후 스트레스를 받은 나무들이 허약해 있었기 때문이라고 한다. 뜨거워진 지구에서 여름철 폭염에 노출돼 나무들이 스트레스를 받는다는 것이다. 기후 위기는 식물의 광합성마저 방해한다고 한다. 그래서 기후 위기가 숲까지 파괴한다는 것이다.

기후 때문에 내가 키우는 화초까지 피해가 있을 줄은 생각도 하지 못했다. 우리 집 베란다에는 화분이 많이 있다. 나이가 많은 소철이나 관음죽 같은 것은 큰 화분에 심어져 있지만 대체로 작은 화분들이다. 그중 가장 많은 것이 바이올렛 종류이다. 잎을 잘라 뿌리를 내리면 잘 살기 때문에 화분이 많아진 것이다. 그래서 덕분에 여러 화분에서 일 년 내내 바이올렛 꽃을 보게 된다. 오랫동안 잘 키워 왔는데 이번 여름에 꽃을 많이 죽였다. 추위에 약한 것을 알기에 나는 겨울이 되면 바이올렛 화분을 실내에 옮기는 작업부터 한다. 100개가 넘는 화분을 옮기는 일은 쉬운 일이 아니지만 꽃을 추위에서 보호할 수 있고, 겨울에 실내에서 꽃을 보는 즐거움도 크기 때문이다. 더위에 그렇게 약한지는 몰랐다. 이번 여름 불볕더위가 바이올렛에게 참으로 잔인했다.

기후 위기는 지금까지 경험하지 못했던 것을 경험하게 한다. 11월에 온 첫눈인데 우리 동네에 47cm 눈이 내렸다. 오랫동안 잘 살던 꽃이 더위를 이기지 못하고 죽고 말았다. 기후 스트레스를 받아 숲의 나무들이 약해졌다. 앞으로 또 어떤 일을 보게 될까.

폭설이 내린 지 3주가 되었다. 다행히 소나무는 죽지 않았다. 조금씩 조금씩 허리를 세워 지금은 40도 정도 기울어져 있다. 매일 쓰러지지 않으려고 얼마나 애를 썼을까. 얼마나 지나면 다시 똑바로 서게 될지는 알 수가 없다. 그러나 나는 어려움을 견디고 다시 바로 선 그 나무가 더욱 강하고 튼튼한 나무가 되지 않을까 생각한다. 내 눈에는 마치 고난을 받은 후 순금처럼 되어 나온 욥같이 보인다.

권민정

2004년 『계간수필』, 2023년 『어린이와 문학』 동시 등단. 수필집 『은하수를 보러 와요』, 『시간 더하기』. 2023년 수필미학 문학상 수상. 수필문우회, 이대동창문인회, 계수 회원.
gnsmj@hanmail.net

호흡이 멈출 때까지

권순희

테네시주, 어느 작은 도시, B는 또 다른 직장을 찾고 있다.

6개월 전, 교육자로서 오랫동안 근무하던 곳을 퇴직하고 또다시 꿈에 그리던 다른 정규직full-time Job인 학교에서 가르치는 직업을 구해서 다녔다. 그러나 기대했던 것보다 너무 다르고 힘들어서 직장 최고 책임자가 계속 일해 달라고 간청을 했는데도 2개월 만에 그만두었다.

사직 후, 바로 좀 더 쉽고 스트레스가 훨씬 덜할 것 같은, 주 20시간 일하는 비정규직Part-Time Job: Semi-Retirement으로, '아주 색다른 직업', 학생들을 아침과 오후에 집으로 오고 가는 것을 돕는, '학교 버스를 운전하는 것'이다. 어린 학생들이 타는 학교 버스 운전이라, 약 8주간 여러 가지 엄격한 교육과 훈련, 그리고 여러 단계의 테스트들을 통과해서 오늘 아침 6시, 처음으로 혼자 운전해 아이들을 태워서 학교에 데려다주었다.

그런데, 오늘 아침 학교 버스 운전 첫날, 또 사직하려고 다른 회사, 즉 대도시 공항으로 출퇴근하는 통근자들을 하루에 한 번씩 실어 나르는 일을 하려고 지금 막 다른 회사로 입사 지원을 끝내고 앉아 있다.

"왜 다시 그런 새 직장을 찾고 있는 거야? 하루 최소한 왕복 8시간 이상을 위험한 고속도로로 매일 운전하는 것은 매우 위험하고 건강에도 아주 좋지 않아."

나는 너무나 어이없어 그의 깊은 의도를 파악해 보려고 한다.

"사실, 오늘 아침 6시 20분 등교 시간에 초, 중등 학생들을 그들의 집 앞이나 집 근처에서 태우던 Pick-up 중, 빨간 글씨의 '출입금지STOP' 표지판과 장애물로 막아 둔, 좁은 골목에서 내가 버스를 뒤로 돌려 나오려다 뭔가를 버스 뒤 범퍼로 심하게 받아서 "뻥" 하는 소리와 함께 심하게 흔들려서 아이들도 모두 놀랐어. 아이들이 '소화전Fire Hydrant*'이라고 했어. 아마도 그것이 터져서 물이 이웃으로 쏟아져 나와서 이웃들이 큰 혼란을 겪을 거야. 그리고 이 사건은 단순한 일이 아니야. 아침 6시 20분에서 7시 45분까지 아이들을 모두 등교시켜 주고 왔지만 이 직장 그만둘 거야."

그는 학교 버스 운전이 입사 요구조건만큼 대우도 급여도 좋지 않아 아주 실망스럽다며 사직하려는 이유를 설명한다.

"특히, 그 사고 장소는 아주 추운 1월, 겨울 등교 시간인 아침 6시 20분부터 7시 30분 사이는 가로등도 없는 매우 어두운 곳이었고 그 막힌 좁은 골목에서 커다란 학교 버스를, 심지어 이웃 정원을 이용해서 돌려 나오면서, 게다가 차 안에선 버릇이 안 좋은 학생들을 감독해야 하니 사고 없이 아이들을 실어 나르는 것은 엄청 스트레스가 많고 안전하지도 않아."

그는 계속해서 왜 이 직장을 그만둬야 하는지를 이해시키려 한다.

"첫날이니까 익숙하지 않아서 그렇지. 몇 주만 지나면 괜찮을 거야."

난 계속해서 시간을 가지고 좀 더 노력해 보라고 권한다.

"그 어둡고 좁은 막힌 골목에서 뒤로 돌려 나오려다 버스 뒷범퍼로 뭔가를 '뻥' 하고 받은 뒤, 아이들도 놀라고 나도 아주 당황하면서 매우 좁은 골목길로 아주 조심스레 큰 버스를 난생처음 도움 없이 혼자 운전하고 있는 중에 카운티 최고 감독관이 직접 나에게 사고 확인 전화를 하는 거야."

"오늘 아침 소화전Fire Hydrant을 받았나요?"

그 감독관이 전화로 묻자 B는 "아마도 그랬을 거예요."라고 답했다.

B는 물이 이웃으로 흘러서 나중에 문제가 크게 발생할 거라는 생각에 그만두겠다고 스스로 이미 결정을 한 듯하다. 그 엄청난 충격으로 실수해서 그의 카키색 바지가 온통 젖었다고 말한다. 완벽주의자인 그가 이런 실수를 했으니 그의 내면의 정신적 충격이 엄청났을 것은 뻔하다.

난 그가 좀 더 냉정하고 차분하게 오늘 아침 일어난 일들을 현명하게 다시 생각할 기회를 주고자 새로운 경험을 권해 본다.

"사표 내기 전에, 먼저 그 사고현장에 가서 얼마나 심각한지 확인해 보자. 물이 얼마나 넘쳐서 이웃에 해를 끼치는지, 그 사고로 동네 사람들이 물을 당분간 사용하지 못할지 등, 사고 현장에 가서 여러 가지 일어난 일들, 그리고 그 후유증으로 나중에 대처해야 할 일들을 알아보자."

난 그의 엄청난 충격과 혼란스러움을 이해하면서 내가 힘이 닿는 데까지 도와주려고 간곡히 부탁한다. 그가 좀 더 차분하게 평정을 되찾고 논리적이고 합리적으로 생각하고 결정하기를 바라면서 계속 설득한다.

"그래. 그러자."

마침내 그는 나의 집요한 설득과 의미 있는 설명에 동의한다.

B와 같이 그 어두워서 아무것도 잘 보이지 않았던 아침 사고 현장에 가 보기로 한다. 그는 자기 트럭을 운전해서 나와 함께 아침 사고 현장으로 향한다. 8주의 교육 및 훈련 그리고 여러 가지 테스트들을 통과한 후, 혼자 운전한 첫날 아침, 어두운 곳에서 일어난 일이어서 그에겐 혼란스러웠지만, 몇 번 이 골목 저 골목을 왔다 갔다 하다가 겨우 어느 골목에 빨간 멈춤STOP 표지로 '출입금지' 해 둔 곳을 기억해 내어 사고현장을 결국 찾아낸다.

"여기야. 여기가 그 큰 버스를 돌려서 나와야 하던 가장 힘든 곳이야. "

우리는 그의 트럭을 길가에 세워두고 소화전Fire Hydrant이 어떻게 되었는지 확인하려 한다. 물이 터져 이웃으로 흘러 퍼지는 것도, 그 문제의 소화전Fire Hydrant이 쓰러진 것도, 찾을 수가 없다. 그가 뒤로 받은 것은 언덕과 도랑Mount and Ditch 쪽으로 힘껏 버스 뒤 범퍼Bumper로 받은 것이다.

그가 운전했던 버스는 항상 신입 운전자에게 주어지는 오래된 낡은 버스라 그 큰 버스를 뒤로 돌릴 때 요즘 아주 흔히 볼 수 있는 '뒤를 볼 전자장치'가 전혀 없고 겨울 아침 6시 20분의 시각은 밖이 아주 캄캄하고 1970-1980년대 마을의 좁은 골목엔 가로등도 하나 없어, 그의 첫 버스 운전은 아주 난처한 시간이었다. 출입금지 사인으로 골목을 막아 두었으니 돌리는 공간도 없어 이웃의 정원을 잠깐 침범해서 돌려야 하는 곳이다.

그런데 정말 다행히도 그 사고 현장엔 소화전Fire Hydrant도 없고 당연히 물도 흐르지 않아서 나도 그도 크게 안도의 한숨을 돌린다. 그 현장에서 사진을 여러 장 찍어서 카운티 감독관에게 보내면서 '소화전Fire Hydrant을 받았다'는 것은 잘못된 정보라고 적어 보낸다. 도랑Ditch이 있는 언덕Mount 쪽을 받아서 아이들이 많이 놀랐지만 버스 뒷범퍼도 아무 이상이 없고 아이들도 다친 곳이 없었다고 보고한다. 아이들과 학부모님들이 잘못된 정보를 카운티 당국에 전달했던 것 같다. 그래서 당국이 버스 운전자 B에게 직접 전화해서 확인 전화했는데 B는 당연히 버스 뒤쪽에 있던 초·중학생들의 증언이 맞았다고 생각하고 있었다.

현장 확인 후 마음이 훨씬 가벼워져, 그의 젖은 바지가 우스워 미소가 나온다. 우리는 차로 5분 거리에 있는 집으로 간다. 일단 그는 샤워하고 새 옷으로 갈아입는다. 그리고 그가 좋아하는 그릴 치즈샌드위치Grilled Cheese Sandwich를 만들어 준다.

말쑥하고 평온해진 얼굴의 B는 오후 2시 20분에서 4시 45분까지 아이들을 집으로 데려다주기 위해 그들의 하교 시간에 맞추어 준비를 한다. '호흡이 멈출 때까지 일을 한다.'는 그의 생활 철학으로 60년을 살면서 한 번도 직장을 안 가져 본 적이 없다. 그는 자신의 건강이 허락하는 한, 앞으로도 10년, 20년, 심지어 30년도 더 일할 계획을 가지고 훨씬 가벼워진 마음으로 집을 나선다.

* 옥외 소화전은 건축물 외부에 설치하는 수계 소화설비로서 화재 시 소방 대상물의 외부에서 소화 및 인접 건축물의 연소 확장 방지를 위해 설치하는 소방설비이다. (참고. 네이버)

권순희

경주 출생, 한국에서 교직 생활 중 미국 유학, 사우스캐롤라이나 주립대학 철학박사, 현재 조지아주 애틀랜타에서 매크로교육연구소 Macro Education Institute 대표, 교육전문가, 강사, 컨설턴트, 작가, 칼럼니스트, 번역가, 수필집 『세상을 바꾸는 밥상머리 교육』 등 다수. clarak7@daum.net

야간산행

권용태

　늦은 저녁 창밖을 보니 바람 먹은 보름달이 바삐 이동하고 있다.
　구름 때문에 완연하진 않지만 이따금씩 환한 얼굴로 손짓하는 달을 보며 한동안 몸속에 숨어 있던 산 기운이 또아리를 푼다.
　배낭에 카메라를 넣고 등산화 끈을 졸라맸다.
　발치에 산 입구가 있어 야간산행에 나선 것이다.
　호수공원을 지나 계곡을 따라 올라가는데 사내 한 명이 무거운 걸음으로 내려오고 있다.
　그 사내 하는 말이, 정상까지 가려고 산을 오르는데 계곡과 큰 바위, 산 그림자가 길을 휘젓고 있어서 포기했단다.
　큰 산 종주 때면 야간 산행이 필수였던지라 딴엔 거리낌이 없었는데 이번엔 얘기가 달라졌다.

　보름달이 구름을 색안경처럼 끼고 있어서 숲에 사는 밤 식구들의 얼굴 명암이 몽롱해지고 계곡 속 어둠이 깊어진다.
　가끔씩 바위 끝에 반사된 달빛이 어두운 아랫부분과 대비되어 허연 귀신의 눈초리처럼 깜박이며 그 위에 드리워진 나무 가지는 영락없이 봉두난발의 형용으로 어둠을 흔들고 있다.
　워낙 조용한지라 청설모나 다람쥐 장난인지 나무 부딪는 소리가 종종 들려 조그마한 소음에도 머리끝이 쭈뼛해지고 금세 납량특집의 웃음소리가 뺨을 후려칠 것 같다.

다행히 산행으로 인한 운동은 숨을 깊이 들게 하고 그 덕에 아랫배에 힘이 들어가 한밤중 나 홀로 산행은 색다른 이벤트가 되기에 충분했다.

입구를 지나 첫 삼거리에서 정상으로 안내하는 꺼먼 길이 보인다. 터줏대감으로 서 있는 고송 아래 평상에서 놀다 콜 하라며 써놓은 중국집 광고 찌라시가 보인다.

밤 9시가 넘은 시간에 배달시키기엔 미안키도 하거니와 철가방 소녀로 둔갑한 여우가 오기라도 하면 수줍음 많은 내가 뒷감당하기도 힘들 거 같아서 짜장면 배달은 다음으로 미루었다.

산 중턱쯤에 있는 샘물을 찾아갔다.
낮에는 가던 길 재촉하며 그냥 지나치던 곳이지만 목도 마르고 밤물이 어떤지 궁금하여 한 바가지 마셨다.
바위틈 물줄기 따라 수면에 생긴 동심원은 춤사위를 이어 가는 무용수의 율동 같기도 하고, 오금질 맞추어 흘러내리는 그녀의 엷은 실크주름 같기도 하고, 관악산 무수한 생명들의 활기에 박차를 가하여 도시로 배달하는 심장의 고동과도 같다는 생각이 든다.
계곡물 내림받은 도림천 따라 산책하는 사람들 중 저 물이 산속 옹달샘에서 나온 요정들의 춤사위라 생각하는 사람들이 몇이나 될지 궁금하다.

나무숲이 아치 모양으로 우거진 깔딱 고개 어둑한 산길을 오르다 보니 그 끝에 달을 향해 환하게 뚫린 구멍이 계속 신경이 쓰인다.

그것은 바깥세상으로 통하는 출입구처럼 느껴지기도 하고, 컴컴한 동굴 속을 들여다보는 하늘의 얼굴처럼 보이기도 했다.

전설 속 무산소로 살아가는 주인공들의 서식처로 온갖 개성들이 연출되는 별천지라는 생각도 들고,

산꼭대기에 올라서서,

야간등산의 성취감인지 어둠을 대변하는 방언인지 모를 괴성을 쏟아 놓고서도 가슴에서 치밀어 오르는 이 울분은 무엇이지?

하산 길 내내 집을 향하는 발길을 말리며 그가 안내한 곳은 깊고 푸른 물이 모여 있는 연못이었다.

계절을 바꿔 담는 그 모습에서 생동하는 봄이나 여름날의 열정, 가을의 사색과 겨울의 심오함을 보아 오던 터여서 오늘은 한 번도 내색치 못했던 풋사랑을 만난 듯 상쾌한 기분이 들었다.

맞어, 지금 내가 원하는 건 이무기인 듯 달빛 머금은 호수, 산행으로 후련해진 몸, 어둠에 모든 걸 맡긴 채 어엿해진 마음뿐인 것이다.

달이 밤의 진통으로 구름을 열고 나오면 산은 이를 경배하기 위해 땅의 심연에 묻어 두었던 태곳적 기운을 퍼 올린다.

그를 보고도 모른 채하는 사람은 신병에서 깨나질 못한다는군.

저 봐,

보름달도 하늘에 몸을 담구고 새털구름을 즐기는 중인걸,

바람을 타고 은밀하게 전하는 소리가 있으니.

"너는 지금 몸을 물에 들여야 한다."

1분 잠수, 평형, 자유형, 배형으로 제의를 거행했다.

산감의 감시도, 행인의 눈길도, 내가 가진 겉치레도 다 해체되어 버린 시간,

오로지 나만 들을 수 있는 음성대로다.

그러나 이게 나만의 자유인가?

연못에서 풀려난 자유는 숲속의 아침을 깨우고 도시 가운데를 흐를 터이니….

바삐 흘러가던 달도 멈추어 서서 이 광경을 내려 보고 있다.

자리로 와서 은은한 달빛 텃치로 신비해진 의관을 입고 보니 나는 이전의 내가 아니었다.

수로 부인이 동해용에게 납치되었다가 돌아올 땐 몸에서 이상한 빛이 나왔다는데….

밤 산에 들어 온갖 주술과 춤사위를 느끼고 확인한 나의 몸은 이를 쓰고 표현할 수 있는 글감으로 충만되어 있던 것이다.

생명으로 넘치던 밤 산의 온갖 모습들이 한바탕 춤판으로 사라지거나 그 아름다움마저 어둠 속 꿈으로 묻혀 버린다면 어쩔 뻔 했어.

알타미라 동굴에 그림을 그리던 이들도 이랬을 것이다,

    짐승마저 혼곤한 산그늘
    비탈을 들고 대드는 오름길
    숲에서 태어난 나의 아바타는
    또 하나의 현실

계곡물 깊어진 연못
산행길 뜨거워진 몸

나는
폭포수 아래서 허물을 벗는다
구름 속 달빛을 꺼내 입고
물에 들어
잠자는 새 날을 깨운다

— 졸시 「야간산행」 중에서

자정이 넘어서야 집에 온 나는 눕자마자 혼절하고 말았다.
아침에 생각해 보니,
간밤의 산은 분명 꿈같은 현실이었으나 새 햇살부턴 현실 같은 추억으로 내 가슴에 남아 시도 때도 없이 그곳엘 들락거릴 것이다.
밤 산의 모습이 일상과 전혀 다른 세상이었듯, 평범한 삶이 지루할 때마다 또 다른 모습의 내 아바타는 그 현장으로 달려 갈 테니까,
전날까지 망울졌던 베란다 화분의 호야 꽃이 활짝 피어 있다.
망연히 보던 꽃보다 밤을 새며 거듭난 눈으로 보는 꽃은 더욱 싱싱한 법이지.

권용태

2012년 『문예사조』 등단. 2013년 수도여자고등학교 퇴임.
jukgok2729@daum.net

웃음 치료

권재중

원래 과묵한 데다가 표정마저 굳어 얼굴에 웃음기라고는 전혀 찾아볼 수 없는 나를 두고 '근엄謹嚴하다'는 평판이 돌았다. 이 말은 '매우 점잖고 엄숙하다'는 뜻이다. 매사에 정중하고 진지하고 어긋남이 없으니 이를 두고 흠이라고 할 수는 없다. 내가 현직 장학관 또는 고등학교장으로 있을 때 교육감이 모범적인 교장상校長像으로 나를 빗대어 "근엄한 교장"이라 했던 기억이 아직도 생생하다.

그러다가 최근 이 '근엄한 교장'이 그만 비판대에 오르는 사단事端이 벌어졌다. 내가 교적敎籍을 둔 성당에서 「마리아 대학(다른 성당에서는 흔히 「노인대학」이라 한다)」의 '휴대폰 활용반'에 마음이 끌려 이에 가입했다. 그래서 휴대폰 사용에 관한 강의를 듣던 중 특별 오락프로로 '웃음 치료'를 수강하게 되었다. 열정적인 강의에 모두가 "하, 하, 하, 하, 하." 하고 연이어 폭소를 터뜨렸다. 그런 가운데 팔짱을 끼고 앉아 분위기에 어울리지 않고 오불관언吾不關焉인 척하는 내 모습에 강사가 참을 수 없었던지 넌지시 한마디를 던졌다. "지금 이 자리엔 아주 근엄한 표정을 짓고 있는 분이 한 분 계십니다" 하자, 모든 수강생들의 시선이 내게 집중되었다. 내가 생각해도 그 웃음마당에 나만이 뻣뻣한 자세로 앉아 있었으니 분명 내 잘못이었다.

사실 나는 평소에 마음을 열고 너털웃음 한 번 크게 웃기는커녕 미소조차 짓지 못했다. 어쩌다가 왜 내가 이렇게 웃을 줄을 모르는 무뚝뚝한 사람이 되었을까? 반성하고 또 반성했다. 그 결과 다음과 같은 원인을 스스로 깨닫게 되었다.

첫째, 가정에서 받은 교육의 영향이 크다. 나는 어릴 적부터 집안 어른들에게 자주 들은 말이 지금까지 귓가에 쟁쟁하다. "왜 실실 웃니? 허파에 바람이 든 사람같이…", "옛말에 치자다소癡者多笑라 했다. 어리석은 사람에게 웃음이 많다는 뜻이다", "양반이 소리를 내어 크게 웃는 것은 점잖지 못한 일이다"

둘째, 내가 어려서부터 앓게 된 만성慢性 중이염中耳炎 탓이 크다고 생각한다. 이 병이 왜 발병되었는지는 잘 모르겠다. 대여섯 살 때부터 오른쪽 귀가 근질근질하고 통증이 심하더니 마침내 곪아 터지면서 귓속에서 고름이 흘러나왔다. 나는 우선 솜으로 귀를 막고 아버지께 말씀드렸다. 아버지께서는 자전거 뒤에 나를 태우고 충북 옥천 역전에 있는 의원醫院으로 가셨다. "공의公醫"라고 불리던 나이 지긋한 의사는 면봉에 옥시풀과산화수소을 듬뿍 묻혀 귓속을 소독하고는 탈지면으로 귀를 막아 주는 게 고작이었다. 지금 같으면 이비인후과 전문의를 찾아 염증 부분을 아예 절제하는 수술을 받았겠지만 당시의 의료 수준은 거기에 미치지 못했다. 유년기부터 앓아 온 귓병을 50대에 수술하기까지 40여 년간 통증과 염증으로 귀를 막고 살았으니 기가 막힌 일이다. 그동안 귓속에서 느낀 이물감異物感과 난청難聽 때문에 나도 모르게 머리가 오른쪽으로 약간 기울어지고, 항상 긴장한 가운데 주위를 살펴 가며, 누군가 내게 불쑥 말을 걸어올지 몰라 눈치를 보느라 곁눈질을 하는 버릇까지 생겼다.

셋째. 내 치아齒牙가 못생겨 되도록 말을 하거나 웃음으로써 상대방에게 좋지 않은 인상을 줄까 걱정한 것도 하나의 원인이 되었다고 본다. 나의 영구치永久齒는 그야말로 '박색薄色'이었다. 웃니 정면 중앙에 송곳니 모양의 과잉치過剩齒가 하나 더 난 데다가 아랫니는 어금니를 제외하고는 이와 이 사이가 벌어져 마치 한자漢字의 '말 이을 이而'자를 뒤엎어 놓은 형상이었다. 항간에서는 볏모를 심기 전에 논의 땅을 고를 때 쓰는 농기구인 써레쓰레처럼 생겼다고 하여 이를 '써레쓰레 이빨'이라고도 한다. 오늘날처럼 치아교정이나 임플란트 시술이 발달했다면 너끈히 교정되겠지만 당시엔 그냥 숙명처럼 여기고 살 수밖에 없었다.

본래 심한 내향성 성격인 데다가 위와 같은 세 가지 요인이 겹쳐 계속되는 긴장감 때문에 나는 항상 주의를 집중한 가운데 내가 맡은 일에만 충실했다. 나의 과묵함과 진지한 자세는 직장 동료나 상사, 그리고 주변 사람들에게 '성실한 사람'이라는 인정을 받게 되어 분에 넘치는 찬사와 신뢰와 성원聲援을 받는 사회적 자산資産이 되었다. 나아가 나를 중용하거나 중책에 천거하는 일에 앞장서는 은인을 만나는 행운을 누리기도 했다.

나는 앞에서 말한 「웃음 치료」 시간에 당한 창피를 계기로 나의 보루堡壘와도 같았던 '근엄한 자세'를 지양止揚하고, 웃음 짓기를 추구追求하기로 굳게 결심했다.

국어사전을 검색해 보면 웃음에는 여러 종류가 있다. 크게 소리를 내어 웃는 가가대소呵呵大笑(너털웃음). 손바닥을 치며 크게 웃는 박장대소拍掌大笑, 얼굴을 활짝 펴고 크게 웃는 파안대소破顔大笑, 입을 크게 벌리고 주위가 떠들썩하게 웃는 홍소哄笑 등 대소大笑.

곧 큰 웃음이 있는가 하면, 마음속에 흐뭇함을 드러내는 미소微笑, 마음속과는 달리 억지로 웃는 가소假笑, 하는 짓이나 꼴이 터무니없고 같잖아서 웃는 가소可笑, 어처구니없거나 못마땅해서 웃는 고소苦笑, 상대방을 업신여긴 나머지 쌀쌀한 태도로 비웃는 냉소冷笑, 어처구니없어 자기도 모르게 나오는 실소失笑, 상대방을 비웃는 나머지 웃는 조소嘲笑와 같은 조용한 웃음이 있다. 이 밖에도 우스꽝스런 일로 말미암아 터져 나오는 돌발적인 폭소爆笑도 있다.

이 가운데 본태적이고 보편적인 웃음은 아무래도 '미소'와 가가대소 파안대소 등 '너털웃음'일 수밖에 없다. 나는 먼저 미소微笑로써 만나는 사람들과 눈을 마주치며 의도적으로 인사를 나누어 보기로 했다. 그 결과 내가 미소로 대하면 상대방도 나를 향해 미소 지으며 친밀하게 응대해 주어 한결 분위기가 부드러워졌다. 나에게 계속 관심을 가지고 있던 웃음 치료 강사도 내게 다가와 "요즈음 많이 달라진 형님 모습이 참 보기 좋습니다"라는 칭찬을 아끼지 않았다. 그러나 아직도 크게 소리 내어 너털웃음을 웃는 활달豁達한 경지에는 이르지 못하고 있어 아쉽다. 앞으로 꾸준히 더 노력해 볼 작정이다.

권재중

2012년 문단 등단 한국문인협회 회원(수필). 수필집 『교육의 발견-나의 자전적 수상록』, 『한 닢 낙엽에 담긴 사연』, 『하루뿐인 오늘』, 『뿌리를 찾아서-안동권씨 정헌공파 가승』. 제13회 한국문학 백년상. j2kwon34@nate.com.

박흥보에게 배워 보소

권종숙

퇴직 후에 '배워서 남 주자.'라는 좋은 마음으로 시서화창詩書畵唱을 배웠다. 내가 걷던 직업전선과 직결되지 않은 길이니 뒤늦게 배운 도둑질인 셈이다. 밤새는 줄도 모르고 지름길로 쏘다니며 배우는 족족 남을 주다 보니, 어느덧 내게도 문화예술인이란 명패가 주어졌다. 돌변하는 세상사가 불안하여 요즘에는 내 답답한 심사心思를 휘휘 날려 보내고자 판소리 재능 봉사활동을 즐겨한다. 소리를 하다 보면 작품 속의 주인공과 공감대가 두터워져 새로운 시선으로 그를 평가하게 된다. 판소리『흥보가』중의 '박흥보'가 내겐 그런 경우다.

"돈~ 돈~ 돈~ 돈 봐라, 돈!" "얼~ 씨구." "좋~~ 다."

작자 미상인『흥보가』의 주인공인 '박흥보'는, 원래 반남박씨 부자 양반 집안의 둘째아들로 귀하게 태어난 인물로 설정되어 있다. 조실부모早失父母한 후에 탐욕스런 형 '박놀부' 부부가 모든 재산을 빼앗고 쫓아낸 까닭에 가난뱅이 신세가 되었지만…. 흥보는 살림이 궁핍하지만 언제 어디서나 양반의 체면을 지키며 바르게 살고자 애쓴다. 유교적 가치인 삼강오륜三綱五倫과 인의예지신仁義禮智信을 중히 여기며 일상에서 실천하려고 노력한다. 심성心性에 스며있는 깊은 인간애와 지주계급 출신다운 주인의식으로, 서양 귀족 계층의 가치인 '노블레스 오블리주' 정신까지 실천하는 흥부다. 다소 우직해 보이지만 매사 깨어 있는 학식 있는 양반이란 생각이 든다. 이 글에서는 그에 대한 재평가 근거를, 판소리『흥보가』중의 눈대목인「돈타령」에서 찾아보려 한다.

먼저 양식이 떨어져서 환곡還穀을 빌리러 관가官家에 들어갔다가, 매품을 팔게 된 흥보를 그린「돈타령」에 대해 알아보기로 하자.

그때의 흥보가 '~ 내가 아무리 궁수남아窮愁男兒가 되었을망정 반남박가 양반인디, 호방을 보고 하게를 허나 존경을 하나?'라며 고민을 한다.

양반 체면이 깎일 몹시 불리한 현실의 벽 앞에서, 그는 속상해하는 대신 지혜롭게 기어오를 궁리를 한다. '호방에게 말은 하되 말끝은 짓지 말고 웃음으로 때울 수밖에 수가 없다.'는 결론을 내고서 자신의 상처 난 자존심과 일단 타협한다.

그때의 호방戶房이 흥보를 보고 안타까워하며, 환곡 대신 매품을 팔아서 양식을 구하길 권유한다. 돈 생길 일이라면 뭐든지 하겠다며 반색하는 흥보. 그 고을 좌수의 죄를 대신하여 매 열 대를 맞고 돈 서른 냥을 받기로 약조한다.

'매품 팔러 가는 놈이 말 타고 갈 수 있는가? 내가 내 정각正脚 말로 다녀올 테니, 그 돈 닷 냥은 날 내어 주지.'라는 해학諧謔적인 너스레로, 우선 식솔食率의 허기진 배를 채울 마삯 다섯 냥을 선금으로 받아온다.

집으로 돌아오는 길에 떡국과 막걸리로 자신의 허기진 배를 먼저

권종숙 179

채운 흥보가, 엽전을 메고 큰소리치며 집으로 들어온다.
"어디 돈, 어디 돈~ 돈 봅시다, 돈~ 돈!"
돈 구경에 정신이 팔려 수선스러운 마누라에게, 돈의 근본에 대해 유식한 논리로 가르침을 주며 그녀를 진정시킨다. 혹시 누가 엿들으면 매품마저 앗아 갈지 모른다며 입조심까지 단단히 시킨다.

그가 북장단에 맞춰 춤추고 노래한 돈의 근본은 이런 것이란다.
"잘~ 난 사람도 못난 돈, 못난~ 사람도 잘난 돈. 생살지권生殺之權을 가진 돈, 부귀공명富貴功名이 붙은 돈."
그놈의 돈은 모양마저 중국 제齊나라의 권력자 맹상군孟嘗君의 수레바퀴처럼 둥글둥글 생겼다고 비유한다.
고개를 끄덕이는 마누라에게 엽전을 내어 주며 고기를 사서 육죽肉粥을 누구렁하게 열한 통만 써 오라고 한다. 처자식이 둘러앉아 신이 나서 코를 빠뜨리며 죽을 맛있게 먹는 모습을 바라보며 흐뭇해하는 흥보. 양반의 체면을 뒤로 하고 고통스런 매품을 팔아서라도, 처자식의 생계를 책임지겠다는 농경시대의 곤궁한 가장의 굳센 의지가 자기 헌신의 극치 같아서 가슴이 찡하다.

결국엔 매품 파는 일감마저 옆집 꾀수 애비에게 도둑질당하고 허탈해져 집으로 돌아온 흥보. 마누라가 그를 따뜻이 맞아 진심으로 위로하는 그들의 부부애가 눈물겹다. '엊그제께 영감이 병영兵營 길을 가신 후에,' 부디 매 맞지 말고 무사히 돌아오시라. '하느님 전前에 빌었더니, 매 아니 맞고 돌아오시니 이런 경사慶事가 또 있나.'라며 덩실덩실 춤을 추는 마누라도 부창부수夫唱婦隨의 도리를 아는 양반 가문 여인답다.

매품을 도둑질당해 화가 났던 흥보도 덩달아 춤을 추며, 우리 마누라가 참말로 열녀라며 싱글벙글 좋아한다. 허기가 지고 살길이 막막한 가정 형편에서도 돈독한 부부애로 뭉쳐진 흥보 부부는, 고개를 맞대고 다른 방책을 찾아내어 그해의 보릿고개를 근근이 넘긴다. 그들은 뼈저린 가난 속에서도 아홉 아들들에게 사람의 기본 도리를 수시로 가르친다. 일상생활에서 대화와 타협으로, 자애와 사랑으로 화목한 가정을 꾸려 나가는 흥보 부부는, 자식들에게 모범을 보이는 어른이고 존경스런 부모로 비쳐진다.

다음은 '박흥보'가 제비에게서 보은으로 받은 박씨를 심어 수확한 박으로, 부자가 되는 과정을 그린 「돈타령」 대해 알아보기로 하자.

흥보 부부가 박을 '딱~!' 쪼개 보니, 박 속이 텅 비고 웬 조상궤 두 짝만 나와서 몹시 실망스러워한다. 마누라에게 갖다 버리라고 말하고 보니 궤짝에 '박흥보 개탁開坼'이라 쓰여 있었다. 흥보가 슬그머니 한 궤를 열어 보니 쌀이 소복, 또 한 궤를 열어 보니 돈이 소복 들어 있었다. 그 쌀과 돈은 털어 붓고 나면 또 쌓이고 붓고 나면 또 소복이 쌓이기를 반복한다. 흥보는 신이 나서, 쌀과 돈이 일년 내내 '꾸역~ 꾸여~~억' 나오라고 구성지게 외치며 어깨춤을 신명나게 춘다.

"어~ 찌 욕심껏 털어 부숴 제켜 놨던지, 쌀이 일만 구만 석이요, 돈이 일만 구만 냥이었다."

꿈같이 펼쳐지는 상황에 신명이 난 흥보가 돈 한 꾸러미를 떡 들고 '얼씨구나 절씨구나. 돈 봐~ 라, 돈!'이라고 목청껏 소리하며 어깨춤을 춘다. 흥보가 다시 한 번 돈의 근본과 속성, 그 위력까지 아니리로 풀어내며, 세상사와 인간사에서 필요악이라 생각되는 돈의 가치와 위력을 인정하지 않을 수 없다한다.

하지만 '박흥보'는 수북이 쌓인 귀한 쌀과 돈더미 앞에서 비굴하지도 탐욕스럽지도 않았다. 먼저 큰 자식에게, 건너 마을 건너가서 너의 백부님을 모셔 오라고 이른다.
'경사를 보아도 우리 형제 보자.'며 춤을 추는 흥보의 순진무구한 형제애는, 재산 다툼으로 부모형제 간에 불행의 씨앗을 심는 요즘 사람들이 본받아야 할 덕목이다.
근래 학생들을 대상으로 설문한 바로는, '박흥보'를 무능력하고 바보스런 인물로 평가하는 응답이 많다는 기사를 읽었다. 그런 젊은이들은 『흥보가』의 시대적 배경이, 쌀이 바로 돈이던 우리 근대사의 농경시대 사회상에 대해 이해가 부족한 무지無知의 소치所致다. 품삯은 싸고 토지가 없으면 배고픔에 시달릴 수밖에 없었던 경제체제 속에서, 배고픈 사람들의 한恨과 흥興이 짙게 묻어나는 우리 고전古典 판소리가 아닌가.

흥보는 세상 사람들을 향해서도 소리친다.
'부자라고 자세를 말고 가난 타고 한을 마소. 엊그저께까지 박흥보가 문전걸식門前乞食을 일삼더니, 오늘날 부자가 되었으니 이런 경사가 어디에 있는가.'라고 자신의 경사를 진심으로 노래한다. 세상 부자들에게 고개에 힘주지 말라고 일침을 가하고 나서, 가난한 사람들에게는 음지가 양지 될 날이 있음을 자각시키고 위로하며, 일말의 희망을 던져 주는 것도 잊지 않는다.

부자가 되자마자 이웃 나눔 실천하는 기쁨에 찬 '박흥보'의 목청이 점점 높아간다.

인仁의 근본인 그의 측은지심惻隱之心이 관객의 마음속에 '둥둥둥' 북소리로 퍼진다.

"불쌍하고 가련한 사람들, 박흥보를 찾아오소. 나도 오늘부터 기민饑民을 줄란다. 어얼~ 씨구나 절~ 씨구나."

신명 난 중모리 북장단은 공연장을 휘돌고,「돈타령」에 취한 나의 소리는 관객의 가슴을 파고들어 흥겨운 추임새를 자아낸다.

"이놈의 돈아~, 아~ 나 돈아. 어디 갔다 이제 오느냐, 얼~ 씨구나. 돈 봐라~."

세상 길 인생길 둥글둥글 돌던 돈이 내 앞에 와 머물거든, '박흥보'를 흉내 내 보소.

자아自我사랑 가족사랑 이웃사랑 잔치 열어, 노래하고 춤추며 행복하게 살아 보소.

권종숙

2013년『수필과 비평』신인상(수필). 2020년 아시아리더대상(문화예술발전부문), 2021년 '한맥문학' 신인상(시). 수필과비평작가회, 한맥문학가협회, 원석문학회, 태사문학회, 수향회, 오우회. 전)초등학교 교사. 수필가, 시인, 소리꾼, 화가, 기자. uj945@naver.com

껍질

권현옥

　너는 좋아, 너는 아니야. 채소 가게에서 껍질을 보고 맘에 든 놈을 바구니에 담아 왔다. 싱크대에 올려놓고 앞치마를 두르면 그것을 둘로 나누기 시작한다. 먹을 것과 버릴 것, 순하게 말하면 '다듬기'라 할 수 있지만 실은 껍질을 죄다 버리는 일이다.

　다듬어진 깔끔한 알몸이야 식욕을 자극하니 흐뭇하다 치고 음식물 쓰레기통으로 들어간 껍질에서도 야릇한 선함을 느끼다니 이상하다. 체온을 위해, 속을 위해, 껍질이 되었다가 지쳐 벗겨진 빨래통의 빨랫감처럼 껍질 쓰레기가 밉지 않다. 사람의 입과 손을 실컷 거친 음식 쓰레기의 축축함과는 다르게 버려진 껍질을 보면 훌러덩 속을 던져 놓고 떠나는 가벼움이 보인다.

　껍질은 제 존재의 깃발이었다.

　제 몸을 알리는 맨 먼저의 깃발이었다. 씨앗으로부터 나왔거나 모태의 몸에서 나왔거나, 흙을 뚫고 나올 때는 강한 힘으로 밀었지만 한없이 연하게 고개 내민 존재다. 당당하지만 수줍게 고개 내민 깃발이었다. '나, 여기 있다'는 신호이고 '나, 세상이 붙여 준 이름대로'라는, 최초의 시간을 간직한 고참이다. 이름 붙여진 사명대로 자라서 인간의 눈이 껍질을 향해 손짓을 보내는 절정의 순간까지, 그래서 목숨이 끊기는 순간까지 카리스마를 갖고 보호본능을 간직한 고참이다.

　햇살과 바람에 몸 열고 몸 닫으며 속 키워 내고 끝내 껍질이 되느라 혈색이 강하다. 연하기만 했던 마음도 속을 보호하기 위해 있는 대로 힘주다 보니 대부분 근육질 키워 질기거나 거친 건 당연, 그것으로 속의 품위를 지켜 왔다. 사람들은 껍질의 솔직성을 믿고 속살에 대한 의심을 푼다. 그렇게 그것을 사고 속을 먹기 위해 애쓴 껍질을 버리곤 한다.

오늘 나는 싱크대 위에 닭볶음탕 재료를 얹혀 놓았다. 지방이 많은 닭 껍질 부분을 제거하고 감자에도 칼을 댄다. 약간의 속살과 함께 껍질이 벗겨지면 매끈한 속살이 남는다. 당근의 껍질이 철퍼덕 무릎을 꿇듯 주저앉으면 속살이 더 발갛게 웃는다. 양파는 뿌리 쪽을 칼로 베어 내면 벗기기가 쉽다. 속을 보호하려는 껍질이라기보다 벗겨지려고 입은 옷처럼, 얇게 입은 앙큼한 양파다. 묵직한 속을 위해 최소의 옷을 입었다. 지쳐 있는 파 껍질을 벗기고 암팡진 마늘 껍질도 벗긴다. 이제 후회 없이 제 갈 길을 가야 한다. 나는 왠지 그것이 안쓰럽기는커녕 유쾌하다.

껍질을 벗은 식재료들이 고춧가루와 양념들에 범벅이 되어 졸여지고 있을 때 문이 열리고 식구가 들어온다. 신발을 벗고 들어와 또 다른 껍질을 벗으러 방으로 들어간다. 윗옷을 벗고 바지를 벗고 양말을 벗는다. 세상에서 가장 솔직한 모습으로 나온다. 방금 문밖에 섰던 얼굴이 아니다. 아무렇게나 봐 줘도 무방하다는 얼굴이다. 우적우적 식사를 할 때 문밖에서 예의를 애써 지키고 책임감에 몸을 혹사하고 진정성에 맘이 외로워진 사람으로 보이지 않는다.

그러나 식구가 벗은 껍질의 노고에 나는 눈치라도 채고 있기에 껍질이 밉지 않다. 지켜야 할 것을 위해 애썼던 흔적이고 자신의 존재를 드러낸 빛깔이었기에…. 닭볶음탕이 껍질을 다 벗은 속성과 양념으로 맛을 내듯 그렇게 나도 앉아서 내가 아는 속을 바라보며 밥을 먹는다.

설거지를 한다. 껍질과는 다르게 남은 음식물 찌꺼기에게는 온정을 베풀지 못하겠다. 사람 사이처럼 너무 엉기고 범벅이 된 후의 잉여 감정 같은가 보다. 그래서 나는 깃발의 역할을 하며 속을 보호하다가 음식이 되기 전 버려진, 껍질에서 유쾌한 선함을 보았음이다.

가거라, 껍질들아.

애쓴 하루의 삶이여, 여러 날의 삶이여.

권현옥

수필가. 국제펜클럽 한국본부 회원, 한국문인협회 회원, 『현대수필』편집장 역임. 구름카페문학상, 현대수필문학상, 일신수필문학상. 수필집『갈아타는 곳에 서다』,『속살을 보다』,『속아도 꿈결』,『말하고 싶은 것과 말하고 싶지 않은 것』외 선집 2권. doonguri@hanmail.net

단편소설

삭풍

권순악

아침부터 안개가 짙고 바람이 싸늘하다.

음산한 날에는 마음도 짜증스럽다. 한참 소란을 피우던 아내가 잠들었는지 조용하다. 조용히 문 닫고 거실로 나가려는데 전화벨 소리가 울려왔다. 정호는 아내가 깨기 전 빨리 전화를 받으려 했으나 아내가 먼저 벌떡 일어났다. 더 좀 잤으면 좋으련만 전화벨 소리에 그만 잠이 깨고 만 것이다. 큰 낭패였다. 오늘은 일요일이라 노인복지사도 오지 않는 날이다.

아내의 치매는 날로 심해 갔다. 3년 전부터 건망증과 우울증의 증세가 있더니 지금은 치매의 중증이다. 매일매일 그 뒤를 돌보며 엉뚱한 일을 저질러 놓는 데는 막말로 미칠 지경이다. 몸이 바짝바짝 마른다.

"아버님, 이따가 어머님 모시고 나오세요."

"왜?"

정호의 목소리는 퉁명스러웠다. 아들 며느리들의 전화도 받기 싫었다.

"점심 식사 대접해 드리려고요."

점심 대접하는 것이 대단한 일이나 되는 것처럼 생색을 내는 큰 며느리의 목소리가 전화선을 타고 강하게 들려온다. 아들 녀석은 뭣 하는 놈인가. 명색이 장남이고 대학교수란 녀석이 자식 노릇을 하는 꼴을 한 번도 못 보았다.

"그 식당으로 열두 시 반까지 나오세요. 작은댁 식구들도 다 온다고 했어요."

큰 며느리의 목소리가 귀에 따갑다.

정호는 대답하지 않고 망설이고 있는데, 아내가 용케도 전화 소리를 들었는지, 빨리 나가자고 일어난다.

"이따가 오라고 했어."

정호의 목소리는 짜증스럽고 커졌다.

"지금 나가요. 일찍 나가서 기다려야지."

"지금이 몇 신데 벌써 나가? 열두 시나 돼야지."

"시간을 잘 지켜야지요."

자식들 앞에 시간을 잘 지켜야 그래야 문화인이란다. 어이가 없다. 또 엉뚱한 말다툼이 시작된다. 자식들 얼굴도 보기 싫은데 밥을 먹자는 소리를 듣고서는 빨리 나가자는 것이다. 음식이 효도 노릇 한다. 둘째 녀석은 소위 회사의 사장이라는 녀석인데 이건 아주 남이다. 지방으로 시집간 딸애는 지방에서 살고 있다는 핑계로 남으로 살고 있다. 남들은 막내딸은 눈에 넣어도 아프지 않다는데, 이건 누구일까 두려웠다. 그러니 사위도 무덤덤하다. 지지리도 자식 복이 없는데 주변에서는 다복한 가정이라고 다들 부러워한다. 정호 자신도 스스로 자신을 돌아보면 한심하다. 경영학 박사이고 대학교수로 있으면서 경영학의 명강의로 명성을 떨치다가 정년퇴임을 하였다. 지금도 명예교수로 있으면서 아직 이름을 얻고 있지만 불효자식들과 가정이 발목을 꽉 붙잡고 있다. 노년에 이 무슨 팔자란 말인가. 생각할수록 기막힌 일이 아닐 수 없다. 경영학의

학문에서는 박사이나 자신의 인생과 가정과 자식 경영은 빵점이었다. 어떻게 키우고 가르친 자식들인데 하나같이 저 모양이다. 전생에 큰 죄를 지어서 그 업보를 받는 것이라고 생각하고 있었다. 사람은 늙어서 팔자가 좋아야 하는데 팔십 된 이 늙은이가 죗값을 치르느라고 죽지도 못하고 있다고 생각하였다. 명대로 잘 살다가 죽을 때 잘 죽는 것이 오복의 하나라는데, 죽는 복도 없어서 이 지경이고, 이 벌은 죽어야 벗어날 수 있다고 생각하니 하루하루가 끔찍한 생활이었다.

아내는 바삐 2층 옷이 진열된 방으로 올라가서 장롱을 열고 옷을 꺼내기 시작하였다. 방안 가득 옷들이 어지럽게 흩어진다. 정호는 따라 올라가서 우두커니 보고만 있었다. 아내는 이 옷을 입어 보다가 저 옷으로 바꾸어 입어 보다가 추운 겨울인데 여름옷으로 바꾸어 입었다.

"여보, 이 옷이 어때요?"

아내가 옷을 입고 한 바퀴 빙 돌아본다.

"응, 좋아, 그걸로 입어. 이 겨울에 시원하니 좋겠네. 빨리 밖으로 나가 봐."

아내의 꼴을 보자는 것이다.

방은 옷가지로 가득했다. 아내는 그동안 백화점에 가서 이것저것 입지도 않는 옷을 몇 벌씩 사 와서 옷장에 걸어 둔다. 복지사나 처제들이 오면 자랑을 하다가 입어 보라고 해서 맞으면 입으라고 강제로 주어 버리고 만다. 싫다고 해도 막무가내다. 그리고는 다음 날 백화점에 가서 또 사서 옷장에 걸어 둔다. 어느 때는 이것저

것 입어 보다가 그냥 방바닥에 던져 버리고 만다. 이렇게 쌓아 둔 옷이 장 속에 가득하다. 흐트러진 옷가지를 치우면 난리다. 왜 허락 없이 치우느냐고 소리를 막지른다. 잠들었을 때 정리해야만 했다. 이 속 터지는 일을 누가 알아준단 말인가.

몇 달 전에는 엄청난 일이 있었다. 옆집 현관문을 망치로 부수고 들어가 어린아이와 그 엄마를 죽인다고 위협하여 마침 지나가던 경비 아저씨가 비명 소리를 듣고 달려오기도 하고, 또 어느 날인가는 밖에 나와서 지나가는 사람에게 갑자기 달려들어 물어뜯는 바람에 기절까지 한 일이 있었다. 그러다가는 며칠이 지나면 정신이 멀쩡하다. 이웃 주민들은 집단 소송을 내서 이사 가도록 한다는 것을 주민회장이 교수님 체면을 봐서라도 더 두고 보자고 설득하여 연기된 상태이다. 또 치매 환자 때문에 아파트값도 떨어진다는 부녀회원들의 아우성도 있다. 정호는 이웃 사람들을 볼 면목이 없다. 잠시도 마음을 놓을 수가 없다. 항시 긴장을 하고 있어야 한다. 시한폭탄을 짊어지고 있는 생활이다.

그런데 참 묘한 일이다. 처제나 친구들과 전화를 할 때는 그렇게 천연스러울 수가 없다. 언제 어디가 아프고 치매기가 있었느냐는 듯 감쪽같이 전화를 주고받는다. 그러니 주변에서는 정호만 욕한다.

"형부는 멀쩡한 언니를 환자 취급하잖아요."

정말로 팔짝 뛸 일이다.

처제들은 한결같이 형부 정호만 공격한다.

친구들과도 그렇다. 친구들과 전화할 때는 그렇게 멀쩡할 수가 없다. 언제 뭣을 어떻게 하자는 약속까지 한다. 그 약속을 이행하지 못하여 친구들의 전화를 받으면 깜박 잊었다고 변명도 잘한다. 그러니 못된 놈은 자연히 정호가 된다. 치매는 가족들을 이간시키고 들볶다가 혼자 행복한 환자로 살다가 죽는다더니 그 말이 맞는가 보다. 음식 소화는 잘되니 먹는 것은 아무거나 잘 먹는다. 그러니 죽지는 않고 오래도록 살면서 남편이나 식구들 고생만 실컷 시키고 재산마저 다 탕진시키고 제일 오래 살다가 죽는다. 이 일을 어쩌면 좋단 말인가.

노인복지사도 그렇다. 국가 보조로는 어림도 없는 비용이 든다. 이런 것이 한두 달이나 일이 년이면 좋으나 죽을 때까지 이래야 하니 재산 다 망치게 되어 산 식구는 비렁뱅이 되기 꼭 알맞다. 당해 보지 않으면 속 터지는 이 일을 알 수가 없다. 자식들조차 이 속을 모르니 누가 답답한 마음을 알아나 준단 말인가.

정호가 식당에 도착하니 아들 며느리 손자들이 다 와서 기다리고 있다. 저놈들이 모시고 식당에 가는 것이 아니라 서로가 사는 중간 지점에 식당을 정하고 나오라는 것이다. 모시러 오라고 하면 시간 없다고 잡아떼니 어쩔 수 없이 택시를 타고 가는 수밖에 없다. 정호는 울화가 치미나 아내는 싱글벙글 웃으면서 좋아한다. 자식들이 있으니까 비싼 식당에서 밥을 사 준다면서 아주 고마운 일이라고 한다. 그러면서 이것저것 먹기도 잘 먹는다.

정호가 음식을 다 먹고 나서 전에 한 말을 다시 꺼냈다.

"앞으로는 식당으로 오지 말고, 일주일에 한 번씩 집으로 와라. 토요일에 와서 일요일에 가도록 해라. 교대로 어머니를 돌봐 드려야지 나는 힘이 부친다. 그래야 한 달에 한 번꼴이다."

아들놈들은 고개만 푹 숙이고 있다. 묵묵부답이다.

큰며느리가 얼마 후에 입을 열었다.

"저희들이 시간이 없어요. 어머니께서 웬만하시니 아버님이 좀 고생스러우셔도."

말끝을 흐린다. 그러나 오지 않겠다는 단호한 의지가 보인다.

"큰애 너도 그렇게 생각하니?"

고개만 푹 수그린 채 말이 없다.

한참 후에 겨우 입을 열었다.

"강의 준비, 세미나 등이 있어서 어려워요."

"뭐라구?"

"죄송합니다."

"둘째, 너도?"

둘째 녀석은 제 형의 얼굴만 힐끗 쳐다본다. 역시 말이 없다가

"회사 일이 바쁘고, 바이어들이 주말에 많이 와서, 죄송합니다."

"셋째 너도?"

정호의 목소리는 커졌다.

"왜 말이 없어? 귀먹었니?"

한참 후에 정호가 버럭 소리를 질렀다.

"저도 그래요. 주말에는 접대 관계로. 죄송합니다."

"아늘도 시간 없고, 며느리 너희늘도 시간 없고."

"딸 너도?"

대전에서 온 딸도 한마디 한다.

"거리가 멀어서, 오빠들이 하면 좋은데. 그리고 아이들 학원과 시험 준비 돌보는 일 때문에 집을 비울 수가 없어요."

딸은 오빠와 올케들이 얄미웠다.

"한 번이라도 네 엄마 병간호해 봤니? 엄마 사랑은 딸인데 말이다."

딸도 입을 다물었다.

긴 침묵이 흘렀다.

"에라, 이 못된 놈들! 네놈들도 자식이냐? 죽도록 고생해서 가르쳐 놓았더니 제 에미 하루라도 돌보겠다는 자식이 한 놈도 없구나."

정호는 부들부들 떨리는 손으로 상 위에 남은 소주병을 들고 물컵에 따라 부었다. 단숨에 벌컥벌컥 들이켰다.

"에이, 고약한 놈들! 대학 교수네, 회사 사장이네 하는 놈들이, 부모가 아파도 돌보지 않는 놈들, 그게 자식이냐? 또 딸년 하나는 자식들 공부 때문에 제 에미 간호를 못 하고!"

정호는 어떻게 집으로 왔는지 모른다.

눈을 뜨니 다음 날 아침이었다. 간호 복지사가 벌써 와 있다.

"교수님 어제는 좋은 일이 있으셨나 봐요? 약주도 많이 드시고."

따끈한 커피 한 잔을 주면서 말을 건넨다.

"예, 좀, 그럴 일이."

정호는 머리를 긁적거리며 말끝을 흐렸다.

"아들, 며느리, 딸들이 와서."

아내가 천연스럽게 대신 대답을 한다.

"좋으셨겠어요."

정호는 좀 더 자리에 눕고 싶었으나 시내로 나왔다.

참, 묘한 일이다. 남들 앞에서는 멀쩡한 아내가 왜 자기와 둘이 있을 때는 발작을 일으키는지 알 수가 없다. 돈이 더 들더라도 복지사에게 사정해서 금요일 하루까지 연장하자고 하는 수밖에 없다. 이러다가는 집도 절도 다 팔아 넘어가도 할 수 없는 일이다.

정호는 종로5가 전철역, 파고다 공원을 일부러 가 보았다. 저 많은 버림받은 늙은이들, 저걸 어쩌면 좋단 말인가. 저들도 청춘이 있었고, 화려한 과거와 추억이 있었을 텐데, 똑똑한 자식들도 있을 텐데, 무슨 죄 값을 치르느라고 저렇게 모여 쭈그리고 앉았단 말인가. 세월에 버림받고 가정에서 버림받고, 희미한 과거도 이젠 모두 잊은 채 무더기 무더기로 앉아 있단 말인가. 인생의 패배자요 죽음을 기다리는 생명의 포로들 같았다. 그런데, 정호는 저기에 앉아 있는 늙은이들 신세도 못 되는 것이 아닌가! 마음 놓고 밖에 나갈 수가 없으니, 아내가 발목을 꽉 잡고 있으니, 저들 신세만도 못한 자신이 한심스러웠다.

저녁 무렵 서둘러 집으로 갔다. 복지사가 퇴근하기 전 집으로 가야 한다. 마침 복지사는 퇴근 준비를 하고 있었다.

"오늘은 사모님이 누워 계신 시간이 많으네요?"

복지사가 걱정스러운 표정이다. 정호는 가슴이 털썩 내려앉았다.

"그래요?"

정호는 안방 문을 급히 열었다.

아내는 이불을 머리끝까지 덮고 누웠다.

"당신 어디 아퍼?

아내의 이마를 만져 보았다. 열은 없었다. 아내는 눈을 딱 감고 반응이 없다.

"어디가 아퍼?"

복지사도 잠깐 방에 들어왔다가 나갔다.

"말을 해 봐. 어디가 아프냐고?"

정호는 아내가 불쌍한 생각이 갑자기 들었다. 눈물이 핑 돈다.

옷을 벗어 걸어 놓고, 저녁을 차렸다.

밥상을 간단히 차려서 들고 아내 머리맡으로 왔다.

"자, 나하고 같이 밥을 먹자."

아내를 안고 일으켜 앉혔다. 밥을 한 숟가락 떴다.

"자, 입 벌려."

아내의 입에 밥을 한 숟가락 넣어 주었다. 뜻밖에 잘도 받아먹었다. 입을 떡떡 벌리며 떠 주는 대로 받아먹었다. 정호는 왈칵 울음이 북받쳐 올랐다.

"당신 왜 그래! 어디가 아픈 거야? 말 좀 해 봐."

눈물을 손등으로 닦으며 밥숟가락에 밥을 가득 떴다.

아내는 말없이 정호를 바라보다가 빨리 밥을 달라는 표정이다.

"그래, 그래. 많이 먹어."

입을 딱 벌리고 입에 넣어 달란다.

"자, 여기 있어."

정호는 또 밥을 한 숟가락 떴다.

"여보, 뭐라고 말 좀 해 봐."

아내는 말없이 정호 얼굴만 쳐다보았다.

"애들은 왜 안 와?"

"만나서 밥도 먹었잖아."

"애들이 보고 싶다."

"다 필요 없어."

아내는 울고 있었다.

"그래도 자식인데."

"울긴 왜 울어!"

밥숟가락에 정호의 눈물도 쏟아졌다.

"불쌍한 당신, 밥이나 많이 먹자."

정호는 아내가 말 않고 누워 있는 것이 더 싫었다. 힘들더라도 이것저것 일도 저지르고 말을 하는 것이 좋았다. 말 않고 눈물 흘리면서 밥만 받아먹으니 더 불쌍해 보였다.

며칠 후 정호는 자식들을 다 집으로 불렀다.

정호는 단호하게 말을 꺼냈다.

"어머니를 어떻게 하면 좋으냐? 이대로 있는 거냐, 어떨 거냐? 아주 오늘 결판을 내자. 난, 더 감당하기 힘들다."

기다렸다는 듯이 큰아들이 말하였다.

"복지시설로 보내요."

"요양원! 시설이라니?"

"요즘 많이 생기잖아요?"

정호는 말문이 막혔다. 얼마 후에 아들들의 얼굴을 번갈아 가며 바라보았다.

"노인 치매 환자 요양소 있잖아요?

"뭐라구!"
"네 어머니를 요양소로 보내?"
"시설도 좋고 아버지도 편하시고."
둘째 녀석도 맞장구를 친다.
"너희들 거기 가 보았니?"
아무도 대답이 없다.
"그런 생각이 있었으면 사전에 한 번은 가 보는 게 도리 아니냐?"
"가 보진 안했어도, 시설이 좋고 대우도 좋대요. 친구들도 많이 그리 보냈어요."
"이놈들아, 어머니를 고려장 하자는 말이냐?"
정호는 어이가 없었다.
"그런 말이 어떻게 그렇게 쉽게 나오니? 참, 못된 놈들이다."
"그게 왜 고려장이요?"
"많이들 가요. 이제 시대의 추세죠."
아들들은 지지 안 했다.
"다들 생활에 바쁜데 어쩔 수 없어요."
"그건 어머니를 자식들이 버리는 거다. 핑계가 치매 환자 요양소지, 그건 내다 버리는 거야. 하루 간호도 않는 놈들이 면회나 갈 거 같으냐? 어쩌다 면회 가서 못 알아보면 다음엔 아주 발을 끊게 되는 거다. 그러면 그게 버리는 거지 뭐냐! 못 알아보더라도 면회는 가야 되는데 너희들 소행으론 편하게 요양소로 버리자는 심보다. 또 환자가 말을 안 듣고 힘들게 하면 잡아 가두기도 할 수 있어. 그래, 네 어머니를 그렇게 해서 죽을 때까지 내버려야 하니?"

"노인 복지정책이 좋아졌어요."

"아이고, 이놈들아. 시설은 좋아도 그건 어머니를 버리는 거다. 그게 너희들 마음이냐. 네 어머니를 버리자고! 아주 간단하게 병든 부모를 짐승 다루듯, 전쟁터에서 잡은 적군 포로를 수용소에 보내듯 어떻게 그렇게 사무적으로 생각하니! 부모에 대한 연민의 감정도 없어, 참 무서운 놈들이다."

"아버지는 왜 버린다고만 생각을 해요?"

"그게 버리는 거지 뭐냐! 자식도 없다면 몰라도."

"그래야 아버지도 편하시잖아요?"

"네 엄마를 거기 보내고 내가 집에서 편히 밥 먹고 잘 수 있니?"

"고생하시는 것보다 낫잖아요? 형편상 어쩔 수 없어요."

"뭐라고! 한 번이라도 네 어머니를 모셔 봤다면 내가 이렇게 서운하지는 않겠다. 하룻밤이라도 밤을 새워 봤어! 그러니까 네놈들은 그동안 네 어머니를 마음속으로 벌써 버린 놈들이구나!"

"그게 어머니도 편하시겠죠."

"뭐라구! 정신없는 어머니가 편한지 뭐한지 알기나 하냐. 사람은 못 알아보고 잡혀 있으면, 나는 뭐가 되고 네놈들은 뭐가 되냐. 그게 편하게 사는 거냐! 이 불효막심한 놈들아!"

"그러면 아버지가 계속 집에 모시고 있어야죠."

"그렇게 하세요."

아들들의 생각은 굳어졌다.

"뭐라고!

정호는 가슴을 주먹으로 쳤다.

"네놈들이 내 자식이란 말이냐! 효심은 조금치도 없구나!"

정호는 문을 박차고 밖으로 나갔다. 가까운 아파트 공원으로 달려갔다.

잎 진 나무를 붙잡고 통곡을 하였다.

찬바람이 씽씽 불어왔다.

"아이고! 이놈들아, 아이고! 저놈들이 내 새끼들이었구나!

정호의 통곡 소리는 끝이지 않았다.

"내 팔자야!"

어깨를 한없이 들먹이며 울었다.

"전생에 무슨 죄를 졌단 말이냐?"

울음소리는 어두운 공원 안에 울려 퍼져 갔다.

찬바람이 낙엽을 거칠게 쓸고 지나갔다.

권순악

소설가, 수필가, 시인. 한국문협 자문위원. ssaa9176@hanmail.net

오이소박이

권천학權千鶴

"배라먹을 짜식!"

경주와 통화를 끝낸 경애는 휴대폰을 바지주머니에 넣으며 뒤뜰로 나간다.

아리랑식당의 뒤뜰, 울타리 가의 벤치 위에 쏟아지는 오후 3시의 초가을 햇살이 눈부시다.

경애는 머리에 쓴 주방장 모자를 벗어 벤치 위에 떨어진 햇살을 툭툭 날려버리고, 걸터앉자마자 앞치마의 주머니에서 담배부터 꺼내 문다.

"너 혹시 내가 식당 주방에서 일한다는 말 진수에게 한 거 아냐?"

"아니, 안 했어. 언니가 그 말은 하지 말랬잖아. 너무 뜻밖이라서 나도 놀랐어."

전화기 속에서 들려오던 경주의 목소리가 아직도 귓바퀴에서 뱅뱅 돈다.

경주에게 자신이 주방 일을 하고 있다는 사실을 진수에게 말하지 말라고 당부한 것은 진수에게 좀 더 희망을 주기 위해서였다. 질풍노도의 사춘기가 아닌가. 엄마의 힘든 처지를 알게 되면 혹시라도 자포자기에 빠지거나 빗나갈까 싶어서였다. 머지않아 자력으로 옷가게를 차리거나 조그만 식당이라도 차려 경제적으로 독립하면 진수를 데려올 작정이라는, 좀 성급하지만 이른 언질을 주었던 것도 그것이 더 진수에게 희망을 안겨 줄 것이라고 생각했기 때문이었다. 엄마와 떨어져 살며 힘들게 보냈지만 정규대학교에 진학하고 반듯한 모습으로 사회에 진출하는 건강한 성인이 되기를 바라고 있었다. 비록 떠도는 신세지만 온갖 어려움도 달게 받으며 겪어 내고 있었다. 그런데 진수가 4년제 정규대학이 아닌 요리전문학원에 가서 한국요리를 전공을 하겠다니, 이 무슨 뚱딴지같은 소리인가. 저만큼 보이는 희망의 언덕이 서서히 무너지고 있는 것 같았다.

'엄마에 대한 반감으로 맞지 않는 옷을 억지로 꿰입는구나. 이게 다 어미 노릇 못 한 죄지.'

폐 깊은 곳으로부터 뽑아 올린 담배연기가 허공으로 뻗어나간다. 아이의 곁을 지키지 못한 6년 세월이 또다시 죄의식으로 덮쳐온다. 이게 다 그 '개새끼' '배라먹을 짜식' 때문이야.

삶이 이토록 파김치로 죽 쑤어지다니.

한국에서 살 때 경애가 담근 파김치는 '경애표 파김치'라는 별명으로 불릴 만큼 인기가 있었다. 남편은 물론 올케들이나 친구들 사이에서도 경애가 담는 파김치가 유난히 맛있다고들 하면서 붙은 딱지다.

여자라 해서 모두 요리를 잘하는 것도 아니고, 요리에 대해서 특별한 관심이 있는 것도 아니다. 경애가 그렇다. 요리에 특별한 관심을 가지거나 즐겨하는 사람이 아니었다.

어렸을 때 가끔 어머니를 도와 밥상을 차리면 식구들이 맛있다고는 했었다. 어쩌다 아버지가 좋아하시는 가지나물을 만들어 상에 올리면 아버지는 늘 어머니가 만든 것보다 더 맛있다고 했었다.

하지만 그것은 빵공장에서 일하고 늦게 집에 오는 엄마 대신 저녁 식사를 준비하는 경애에게 미안함을 대신한 칭찬일 것이라고 어린 경애는 짐작했었다.

결혼생활을 하면서 스스로 밥상을 차려내는 처지가 되자 비교적 손쉬운 파김치를 담그기 시작했다. 주변에서 들은 대로 씻은 파를 소금에 절인 후 다시 가볍게 헹구어서 소금기를 빼고, 생수에 간장과 고춧가루, 몇 가닥의 양파 채 한 줌을 섞고 액젓으로 간을 맞춘 양념과 버무렸다. 주재료인 고춧가루와 간장, 그것이면 끝, 파김치처럼 담그기 쉬운 게 없었다. 그렇게 두어 번 파김치를 담다 보니 파를 절인 다음 나오는 국물을 버리는 것이 아깝다는 생각이 들었다. 소금에 절여져 나온 물은 파, 제 몸에서 나온 물이지 않은가, 그래서 그 다음부터 절여져 나온 물을 버리지 않고 그 물에 직접 양념을 버무려서 파김치를 담았다. 강한 파 냄새를 완화시키기 위해서 설탕 한 스푼쯤을 넣을 때도 있었다. 무엇 때문인지는 모르지만 경애의 파김치를 모두들 맛있다고들 했다.

어떻든, 요리에 특별한 관심이 없던 경애가 지금은 요리하는 것을 생활의 방편으로 삼고 있다. 꿈에도 생각하지 않았던 일이다. 그런데 진수까지 요리전공학과로, 그것도 한식요리전공을 하겠다니. 참 묘하게 뒤틀리는구나 싶다.

이게 다 그 빌어먹을 개자식 때문이라는 생각에 또다시 치밀어 오른다.

"개새끼! 배라먹을 짜식!"

어금니사이로 으깨어 뱉어 낸다.

처음엔 그냥 '빌어먹은 자식'이라고 했었다. 그것으로 양이 차지 않아서 말도 꼬아지고 '개새끼'를 더 붙여 '개새끼! 배라먹을 짜식!'이 되었다.

그 말로서 어찌 분한 마음을 다 풀어낼까만 그 육두문자는 마음 속에 쌓여 있는 울화의 한 귀퉁이를 순간적으로나마 눈곱만큼이라도 삭여 내는 역할을 했다. 시시때때로 치밀어 오를 때마다 내뱉다 보니 입버릇이 되고 말았다.

오늘따라 육두문자를 뱉어 내어도 시원치가 않다. 붐비는 점심 시간과 저녁식사를 준비해야 하는 직전의 짧은 막간에 잠깐 뒤뜰로 나와 즐기던 담배의 맛도 쓰다.

'어디 대학만 인생이냐. 중요한 시기에 어미 떨어져 할머니와 살면서 이모의 보살핌을 받았으니 뭔들 충분할 것이며 뭔들 힘들지 않을까. 다 내 탓이고 내 잘못이지. 그래, 전문학원이라도 간다니 그것만 해도 신통방통이지!'

경주의 목소리가 다시 살아난다.

"그나저나 언닌 어때? 잘 지내지? 건강하구? 언니 일이 빨리 풀려야 오든지 가든지, 빨리 합치지. 진수 할머니도 연세치곤 아직까지는 짱짱하시지만 그래도 어디 노인네 건강 믿을 수 있어? 그러니까 언니, 이젠 언니 자신을 위해서라도 포기할 건 포기해 버려. 언니가 빨리 마음 정리를 해야 하지 않겠어? 이제 분을 삭일 때도 됐잖아."

'분을 삭일 때가 됐다고? 흥, 어림 반 푼 어치도 없다!'

입에 문 담배를 잘근잘근 씹는다. 화를 풀기엔 그것으로 부족하다. 담배를 시멘트 바닥에 내동댕이친다. 그것으로도 부족하여 발끝으로 눌러 비벼 끈다. 그래도 풀리지 않아 담배꽁초를 마당 귀퉁이에 놓여 있는 두 개의 쓰레기통을 향하여 휘익 던진다. 쓰레기통을 뒤지던 갈매기 서너 마리가 움찔 흩어지다가 다시 돌아와 쓰레기통 주변을 알짱거린다.

"뭐 먹잘 게 있다고…… 쯧!"

낯선 토론토 시내를 돌아다니다 건물이나 공원 여기저기를 날아다니는 기러기를 처음 보았을 때 뜬금없었다. 섬도 바다도 아닌데 웬 기러기? 비둘기라면 모르지만. 기러기는 가을 새이거나 바닷새이거나, 시리게 푸른 가을 창공을 날아 먼 길을 떠나는 철새 정도의 상식밖에는 가지고 있지 않던 새였다. 점점 지나면서 뜬금없던 새가 기러기가 아니라 갈매기라는 것을 알았다. 바다 대신 호수에 길들여진 새라는 것도 알았다. 뜬금없는 자기 자신과 다를 게 없다는 생각이 들었다. 기러기든 갈매기든, 낯선 곳을 떠도는 외롭고 썰렁한 존재임에는 다를 바가 없었다.

불쑥 떠오르는 노래 한 가닥, 기억 속의 노래 한 소절을 웅얼거리곤 했다. '기러기 울어 예는 하늘 구만리. 바람은 서늘 불어 가을은 깊었네. 아아~ 아아~ 너도 가고 나도 가야지~'

들쭉날쭉 늘어선 지붕들 너머로 보이는 크리스티 피츠 파크의 나무들이 가을 색으로 물들기 시작한 9월.

자신의 가슴에 맺힌 울분도 가을 색으로 바래지는 나뭇잎처럼 바래졌으면 좋으련만 턱도 없다. 오히려 묵직한 쇳덩이가 가슴에 얹히고, 오후의 짧은 막간의 휴식시간, 뒷마당에서 피우던 담배의 꿀맛도 사라졌다.

"하긴, 쓰레기통 뒤지는 니 신세나 낯선 땅에서 헤매는 내 신세나… 그게 다."

육두문자가 또 튀어나오려는 순간 식당의 뒷문이 열리며 주방 보조인 한 씨 아주머니가 얼굴을 내민다.

"오이 배달 왔어. 진수 엄마. 지금 절일까?"

"그러세요."

한 씨 아주머니의 모습이 안으로 사라지자 경애는 벤치에서 일어나 옆에 놓았던 주방장 모자를 들어 허벅지 위에 대고 탈탈 턴다. 마치 앞치마에 붙어 있는 가을볕을 털어 내기라도 하듯이. 그 '개새끼'를 두드려 패기라도 하듯이.

아리랑식당의 주방장으로 일하기 시작한지 달포쯤 지난 어느 비 오는 날이었다. 날씨 탓이었는지, 오징어 볶음을 아주 맵게 해 달라는 주문이 들어왔다. 가장 매운 핫소스를 넣고 할라피뇨 고추도 섞은 양념으로 오징어를 볶기 시작했다. 바짝 달아오른 프라이팬에서 차르르 차르르 하는 소리와 함께 벌겋게 버무려진 양념들이 지글지글 끓으면서 튀어 오르는 물방울 하나가 얼굴로 튀었다.

"앗, 뜨거! 개새끼!"

순간적으로 한걸음 물러섰다. '배라먹을 짜식!' 하고 뱉어내었다. 그리고 계속해서 뒤지개로 팬을 뒤집어 가면서 '개새끼'와 '배라먹을 짜식'을 장단이라도 맞추듯, 자신도 모르게 연발하며 요리를 하고 있었다. 그 모습을 지켜본 한 씨 아주머니가 다 만들어진 오징어볶음을 서빙한 다음에 돌아와 조심스럽게 말을 꺼냈다.

"저어, 다음부턴 오- 징어 볶음 주문받지 말까- 요. 주방장니~임?"

자신의 입에서 튀어나간 육두문자 때문이라는 걸 직감했다. 오징어볶음을 싫어하거나, 잘 할 줄 모르는 것으로 생각할지도 모를 일이다. 못 들은 척했다.

"주방장님, 저어 다음부턴 오징어볶음…"

경애가 말허리를 잘랐다.

"왜요? 맛이 없대요?"

"그게 아니라…."

"걱정 말고 주문 많이 받으세요. 그래야 장사가 잘되죠. 장사가 잘돼야 아줌마나 나 월급도 많이 받을 수 있을 거 아녜요?"

어깨를 으쓱하며 웃기까지 했다. 그런 경애를 보고 오히려 야릇해진 것은 한 씨 아주머니였다.

이번엔 분위기를 싹둑 잘랐다.

"참, 아줌마 성이 한 씨라고 했죠?"

"녜에. 왜요?"

한 씨 아주머니는 이상하다는 듯, 말꼬리를 길게 늘였다. '내가 찾는 배라먹을 개새끼가 한 씨라서요.' 하고 싶었지만 혀 아래 눌러 버렸다.

"여기 사는 한국 사람들 중에는 여기 식으로 남편 성을 따라 쓰는 사람이 많더라구요. 한 씨 아줌마도 그런가 해서요."

이민 10년차인 한 씨 아주머니, 이민 선배라고 해서 별반 사정이 나아보이지 않았다. 그동안 들은 얘기로는 대충 고향 친구의 말만 믿고 이민 왔다가 몽땅 날리고, 남편이 한인교회에서 허드렛일을 맡아 하는 집사로 일하면서 겨우 안정이 되어 간다고 했다. 안정이 되어간다는 말은 경제적인 안정이라기보다는 사기를 당하고 쓰러진 몸과 마음을 이제야 겨우 추스르게 되었다는 의미가 짙었다.

"녜에, 난 또…. 난 내가 한 씨예요."

그래도 뭔가 석연찮았는지 한 씨 아주머니 역시 조금 전에 성애가 한 것처럼 어깨를 으쓱하며 입을 삐쭉하는 제스처를 취했다. 싱겁다는 표시 같았다.

경애가 진지하게 말을 이었다.

"한 씨 아주머니, 절 주방장님이라고 부르지 마세요. 저도 한 씨 아주머니 대신 언니라고 부를게요."

마흔아홉인 자신에겐 둘째 언니 터울쯤 더 되는 주방보조 한 씨 아주머니로부터 '주방장님'이라고 불리는 것이 민망하기도 하고 또 어색하기도 해서였다.

"그럼… 뭐라고 불러요?"

"진수 엄마요. 말끝의 그 요도 **빼구요**."

말뜻을 알아챈 한 씨 아주머니가 잠시 머뭇거리는 듯하더니 천천히 말했다.
"아하, 아들 이름이 진수구나. 그럼 그러지, 뭐."
경애는 자신의 속내를 드러내진 않았지만 그렇게라도 자신이 진수의 엄마임을 스스로에게 새겨 두고 싶었음을 발견한다.
그렇게 서로 호칭을 바꾼 후로 두 사람 사이는 한결 친숙하고 편안해졌다. 가끔 두 사람 사이에 뭔가 삐딱한 분위기가 될 땐 '주방장님'이나 '한 씨 아주머니'로 돌아가긴 했지만.

"잠깐 나갔다 올게요."
점심 식사 시간과 저녁 식사 시간 사이의 한산한 시간이었다. 절여지고 있는 오이들을 뒤적이며 경애가 말한다. 한 씨 아주머니가 대답 대신 바라본다. 어디 다녀올 거냐고 묻지도 않는다. 한 씨 아주머니는 연배도 연배지만 타국생활에 많은 경험을 한 탓인지 비교적 사려 깊고, 성품도 무던하다.
"은행에 잠깐."
말은 그렇게 했지만 우체국에도 아예 다녀올 작정이다.
"알았어. 오래 걸리지 않지?"
"네, 갔다 와서 이거 버무릴 테니까 준비 끝내 놓으세요, 언니."
경애는 앞치마를 벗고 거울 앞에서 머리를 매만진다.

은행은 걸어서 5분 거리지만 생각은 닷새 분량이다. 아니 5년도 넘는 분량이다. 진수 통장으로 6천 불을 송금하고 은행을 나온다. 마음 같아서야 이곳으로 데려와서 공부시키고 싶지만 어쩔 수 없는 상황이니 송금으로 만족할 수밖에 없다. 6천 불, 한화로 환산하면 6백만 원 정도이다. 그동안 온갖 어려움을 참고 견디며 열심히 모은 돈이다. 경애에겐 큰돈이면서 적은 돈이기도 하다. 진수의 대학 등록금이라도 치러 주고 싶었다. 물론 경주가 염려 말라고는 했지만 그냥 말 수가 없다.

은행을 나와서 근처의 대형 잡화점 샤퍼즈 드럭 마트로 간다. 카드판매대로 가서 'Love'라고 인쇄되어 있는 카드 한 장을 골라 창가의 의자로 간다. 처음으로 부치는 카드. 가슴이 떨린다. 손가락도 떨린다. 창가로 들어오는 햇볕을 얼굴로 받으며 잠시 눈을 감고 마음을 정돈한다. 힘들게, 천천히 써 내려간다. 자신의 가슴에 박음질하듯이.

〈진수야, 미안해. 조금만 더 기다려 줘. 그동안 힘들었지? 요리전문학원에 간다면서? 무슨 일이든 열심히 하리라고 믿어. 사랑해. 진수! 언제나 미안한 엄마가.〉

이 짤막한 문장을 쓰기가 얼마나 어려운지. 그동안 가슴 속에 쌓여 있는 말들이 고작 이것뿐이라니. 먹먹하기만 하다. 마지막 '엄마가'를 쓸 때쯤엔 기어이 눈물이 핑 돈다. 아직도 내가 엄마일 수 있을까? 아직도 어미 자격이 유효한가? 그래서 '이곳으로 너를 초청할게.'라는 말을 차마 쓰지 못했다. 지금까지도 수월치 않았는데 앞으로 또 일이 어떻게 풀릴지. 언제쯤 형편이 좋아질지, 짐작할 수도 장담할 수도 없기 때문이다. 장담했다간 거짓말쟁이가 되어

진수를 더욱 실망시킬 것 같아서다. 그래서 '조금만 더 기다려 줘.'라고만 썼다.

카드를 부치고 돌아오는 거리는 한결 산뜻하다. 바람이 서늘해진 것을 느낄 수 있다. 기분이 조금은 가벼워진다. 이번 겨울이 따뜻할 거란 예감이 들기도 한다. 아니, 이번 겨울은 따뜻했으면 좋겠다는 기대가 바람결에 밀려온다.

서둘러 식당으로 돌아온 경애는 오이소박이를 담그기 시작한다. 잘 절여진 오이와 준비한 양념들을 알맞게 버무려 소를 박는다. 사흘 후면 제임스가 회사 동료들을 몰고 올 예약일이니 그 날짜에 맞춰 오이소박이를 충분히 숙성시켜 놔야 한다. 제임스는 갓 담은 오이소박이도 좋아하지만 약간 숙성되어 새콤한 오이소박이를 더 좋아한다. 곁에서 시중을 들며 한 입 맛을 본 한 씨 아주머니가 입을 연다.

"역시 진수 엄마 손맛이 최고라니까."

기분이 나쁘지 않다. 그 낌새를 알아채기라도 한 듯, 한 씨 아주머니가 다시 입을 연다.

"제임스 그 사람 참 괜찮아 보이잖아?"

경애의 속을 떠보는 말이다. 두 사람이 맺어지면 좋겠다고 생각하지만 마음을 열지 않는 경애가 안타깝다. 젊은 여자 혼자서 치르는 타국 생활이 얼마나 힘들까? 경애가 동생처럼 여겨져서 늘 안쓰럽다. 자세한 내막이야 모르지만 자식 떼어 놓고 혼자서 낯선 나라에 와서 고생하고 있는 것을 보면 피치 못할 사연이 있는 것은 분명한데 그렇다고 돌아갈 것 같진 않으니 그럴 바엔 누군가와 맺어져 사는 것도 좋으리란 생각이 들었다. 현지인과 결혼하면 때 맞춰 갱신해야 하는 워킹비자 같은 건 신경 쓰지 않아도 된다. 경애는 들은 척도 하지 않는다. 한 씨 아주머니가 작은 항아리를 가까이 밀어 놓는다. 경애는 버무려진 오이소박이를 항아리에 담는다. 박자가 잘 맞는 두 사람.

"제임스 그 사람 정말 괜찮은 사람 같은데…."

여전히 들은 척도 하지 않는 경애, 그런 경애가 얄미워서 한 씨 아주머니는 목소리를 한 톤 높여 또박또박 던진다.

"안 그 래 요? 주, 방, 장, 님 ?"

"여기 진수 엄마밖에 없는데요."

여전히 퉁명스러운 경애.

"그거나 저거나…."

'뭐가 그거나 저거나예요? 어 다르고 아 다른데…"

경애가 눈을 흘기며 째려본다.

"워킹비자 갱신하지 않아도 될 텐데…."

기가 꺾여 웅얼거리는 한 씨 아주머니. 경애는 제임스와 결혼하면 워킹비자를 갱신하지 않고 살 수 있다는 의미라는 것을 모르지 않는다.

이번엔 경애가 또박또박이다.

"그 런 가 요? 한, 씨, 아, 줌, 마 ?"

"이그. 알았어, 알았어, 진수 엄마."

그제야 두 사람이 맞장이라도 뜬 듯 서로 통한 속을 알고 싱겁게 웃는다.

아리랑식당의 주방장이 되기까지 고생도 할 만큼 했다. 그 사이사이, 토론토 바닥을 뒤질 만큼 뒤지기도 했다. 덕분에 이젠 토론토 시내 사정을 알 만큼 알게 되었다. 그동안 온갖 일들을 마다하지 않았다. 처음 얼마 동안은 일찍 이민 와서 자리 잡고 사는 고등학교 동창생인 희숙이네 집에서 눈치 보며 빈둥거리기도 했고, 희숙이의 소개로 빌딩의 사무실 청소도 해 봤다. 한인식당의 설거지나 반찬 보조를 하면서 옮겨 다닌 식당이 세 군데나 된다. 희숙이의 고마움에 대한 보답으로 짬을 내어 희숙이네 집 반찬을 만들어 주었다. 그것이 계기가 되었다. 희숙은 정통 한국 맛, 그 깊은 고향의 맛을 혼자 먹기 아깝다고 하면서 주변 사람들에게 선전하여 돈을 받고 반찬을 공급하도록 해 주었다. 사무실 청소와 반찬 만들기. 투 잡이 되었다.

'개새끼'를 찾기 전에 토론토를 떠날 수는 없다. 무엇보다도 경제적 자립이 더욱 절실했다. 경제적 자립이 되면 진수와 시어머니도 모셔올 수 있다. 지금까지 해 본 일 중에서 식당 일이 가장 수월했다. 영어도 서툰 데다 '개새끼'를 찾아내는 것도 유리할 것 같았다. '언제건 처먹으러 나타나겠지. 지가 안 먹고 견뎌?' 어리석은 기대일진 모르나 접지는 않았다. '언제 나타날래? 개미귀신 같았다. 구덩이 파놓고 기다리마.' 하며 이를 악물었다.

코리아타운의 한식당 주인들 사이에 음식 솜씨가 어느 정도 인정

받는 판이니 요리사 자격증을 따는 것이 지름길로 판단됐다. 그래서 어렵사리 요리학원을 다녀 요리사 자격증을 취득했다. 마침 주방장 자리가 났다면서 지금의 아리랑식당의 주인아저씨가 먼저 연락이 왔다.

 '아리랑식당'이 정식 요리사가 된 후의 첫 직장인지라 모든 것이 긴장되었다. 그중에서도 음식에 대한 손님들의 반응이었다. 요리에는 특별한 재주가 없을망정 기왕 요리사로 취직을 했으니 원망은 듣지 않아야겠다는 생각을 다지지 않을 수 없다. 다행히 경애가 일하기 시작하면서 아리랑식당의 음식 맛이 좋다는 평이 나돌고 손님들도 늘었다. 반찬 만들기에 더욱 신경을 썼다. 한국식당이면 다 하는 일반 메뉴들이지만 주 요리와 함께 나오는 반찬들에 대한 평도 무시할 수가 없다.
 한국식당을 찾는 손님들은 한국인이든 외국인이든 간에 한국의 정통 음식 맛을 보고 싶어서 찾는 것이다. 한국 사람들에겐 고향의 맛이지만 외국인들에겐 한국의 맛이다. 그러니 신경 쓰지 않을 수 없다. 김치를 비롯하여 호박나물, 콩나물, 무나물, 배추나물 등의 한국식 나물류와 오징어채무침, 멸치볶음, 감자볶음, 땅콩조림 그리고 오이소박이 등이다. 그중에서도 이상하게도 오이소박이의 인기가 좋았다.

 처음부터 오이소박이에 관심을 가졌던 건 아니다. 주방장으로 일을 시작할 때 같은 한국음식이라고 하더라도 뭔가 특색 있는 자기만의 반찬을 개발해야 한다고 생각했다. 옛 추억을 되살리며 파김치라면 해 볼 만하다는 생각이 들었다. 그래서 파김치를 담가 보았다. 그러나 캐나다의 파 품종으로 담그는 파김치로는 한국에서의 오래 전 '경애표 파김치'의 맛을 내기가 어려웠다. 그래서 마음을 바꿔 진수가 좋아하던 오이소박이를 담아 보기로 했다. 물론 오이도 한국의 오이와 똑같은 품종을 찾기 어려웠다. 한국의 오이를 최소한 서너 개는 합쳐야 할 만큼 큰 캐나다의 오이, 팔뚝만 한 그 크기에서부터 사람을 질리게 했다. 맛도 없어 보인다. 실제로 맛도 덜하다. 스파다이너의 중국인마켓을 뒤지기도 했다. 다행히 육질이 단단하여 사각거리고 맛도 한국 오이와 비슷한 피클용이나 통조림용으로 쓰이는 품종이 있기 때문에 가능했다. 피클용 오이로 담그면 오히려 한국에서의 담가 먹던 오이소박이보다 더 사각거리고 고들거려서 좋았다. 쉽게 물러지지도 않았다.

여러 번의 실험과 이런저런 궁리 끝에 담가내는 오이소박이가 손님들 사이에서 인기가 높아지자 자연히 오이소박이가 대표메뉴로 자리 잡아 갔다. 한국 손님들도 그랬지만 한국 음식을 좋아해서 아리랑식당을 찾아오는 외국인 단골들도 오이소박이를 즐겼다. 어쩌다가 우연히 찾아왔다가 오이소박이 때문에 단골이 되기도 했다. 주로 샐러드로 이용하거나 피클로 만들어 햄버거 사이에 끼워 먹는 정도의 서양 사람들에게 오이의 싱그러운 맛과 향이 적중했다. 상큼하면서 새콤달콤한 한국식 오이김치 맛이 그들의 입맛을 사로잡은 셈이다.

'아리랑식당의 오이소박이'란 말이 붙여지기 시작했다. 옛날의

'경애표 파김치'처럼.

매콤하면서도 새콤달콤한 오이소박이.

'아리랑식당의 오이소박이'가 유명해지면서 주인아저씨도 싱글벙글이 되었고, 경애의 입지도 좋아졌다. 한 씨 아주머니는 '역시 진수 엄마 손맛이 최고야.' 하는 칭찬을 아끼지 않았다. 그러나 경애에게는 오이소박이가 가슴 아픈 메뉴이기도 하다. 진수가 좋아하는 반찬이었기 때문이다.

진수는 어렸을 때부터 경애의 매콤한 오이소박이를 좋아했다. 값싸고 손쉬워서 담기 시작한 오이소박이였지만 적당히 익어 신맛이 돌 때까지도 진수는 오이소박이 한 가지면 밥 한 그릇 뚝딱 해치우는 녀석이었다. 막 담갔을 때는 싱싱해서 좋다면서 경애의 귀에 입을 대고 사각사각 씹는 소리를 들려주기도 했다. 시큼하게 익으면, 익어서 좋다고, 한쪽 눈을 찡긋하며 시어진 오이소박이 벌건 국물에 밥을 비벼 먹곤 했다. 그런 아이를 '배라먹을 놈' 때문에 할머니에게 맡기고 흔해 빠진 오이소박이조차도 마음 놓고 먹이지 못하다니. 오이소박이를 담글 때마다 가슴에 걸려 있는 자식, 죄인일 수밖에 없는 어미의 마음이다. 진수에 대한 미안함과 그리움으로 오이를 절이고, 고춧가루에 부추와 양파양념을 버무리면서 아리게 생각하고, 아린 속으로 글썽이고, 울면서 사죄하고… 그럴 때마다 '개새끼'를 어떻게 잡을까 이를 앙다문다.

제임스는 오이소박이가 좋아서 아리랑식당을 찾아오는 외국사람

중의 하나다. 한국음식이 좋아서 가끔 코리아타운에 온다는 그가 우연히 아리랑식당에 들렸다가 오이소박이 맛에 흠뻑 빠져 버렸다. 그 후로 단골이 되어 낯이 익어 갈 무렵, 그가 꽃다발을 들고 왔다. 주인아저씨에게 주방장을 만나게 해 달라고 면담을 요청했다. 맛있는 오이소박이로 한국의 맛을 알게 해 준 주방장에게 감사의 마음을 표시하고 싶다고 했다. 입이 헤벌어진 주인아저씨는 고개를 크게 끄덕였다.

"한국의 맛을 알게 해 주셔서 감사합니다!"

주인아저씨의 부름을 받고 홀로 나온 경애에게 제임스는 허리를 굽혀 한국식 인사를 하며 꽃다발을 안겨 주었다. 경애는 손님으로부터 꽃다발을 받는 일이 처음이어서 얼떨떨했다. 아리랑식당 사람들에게도 처음일이고, 기분 좋은 일이었다. 그 때부터 제임스는 자주 들르는 특별손님이 되었다. 갓 버무린 오이소박이에서부터 약간 숙성된 오이소박이, 많이 시어진 오이소박이까지 맛보면서 다 좋아했다. 그중에서도 특히 이삼 일 숙성되어 약간 새큼한 맛을 내기 시작했을 때의 오이소박이를 가장 좋아해서 가끔은 때를 맞춰 일부러 오기도 했다.

제임스가 시어진 국물에 밥 한술 넣어 비벼먹는 것까지 영락없는 한국사람 입맛이다. 그가 사각사각 소리를 내며 오이소박이를 먹거나 시어진 오이소박이 국물에 밥을 비벼 먹는 것을 볼 때마다 경애는 자신도 모르게 진수도 그랬는데… 하고 떠올리며 마음이 시어지곤 했다.

그렇게 시작된 제임스와는 친구처럼 되어 갔다. 주말이나 휴일, 특별한 날, 경애가 한 달에 한번 쉬는 마지막 목요일에 맞춰 박물관에도 가고 교외로 드라이브도 했다. 그 하루 쉬는 날에 경애는 하릴없는 사람처럼 토론토에서 한국 사람들이 모이는 곳을 기웃거렸다. 겉으론 하릴없어 보이지만 사실은 이미 예정해 놓고 차례차례 찾아다녔다. 한국 사람들끼리 가는 피크닉에도 가고, 피구 경기를 하는 공원에도 가고, 한국 커뮤니티의 행사에도 갔다. 제임스와 데이트를 즐기면서 가끔은 그 일을 빠트릴 때가 있었다. 그때마다 경애의 마음이 초조해지긴 했지만 그래도 제임스는 답답한 경애의 일상에 숨통을 터 주는 유일한 사람이기도 하다. 주인아저씨나 한 씨 아주머니도 은근히 두 사람의 관계를 공인했다. 그가 올 때마다 특별히 바쁘지 않으면 경애가 직접 서빙도 하고 대화도 나누게 되고… 그렇게 두 사람은 자연스럽게 가까워졌.

그는 영 스트리트&칼리지 스트리트에서 조그만 프린트 가게를 운영하는 사람이었다. 십 년 전에 아내와 이혼하고 싱글로 살고 있었다.

한 씨 아주머니는 오늘도 주방의 유리 너머로 홀을 훑어보는 경애의 눈매가 예사롭지 않다고 생각한다. 다른 사람들이야 그저 습관이려니 하고 넘기겠지만 한 씨 아주머니는 달리 짚고 있다. 그냥 습관으로 홀의 상황을 살피는 것이 아니라 홀에서 음식을 먹는 사람들의 표정을 일일이 체크한다고 생각했다. 자신이 만든 음식에 대한 손님들의 반응을 살피는 것. 대단한 책임감이라고 생각했다.

그래서 가끔 한 씨 아주머니는 필요 이상의 말을 경애에게 한다. 경애의 스트레스를 풀어 주려는 의도이다. '너무 걱정하지 마. 우리 식당 음식이 참 맛있다는 거 손님들이 다들 인정해.' 하기도 하고 또 어떤 땐 '저쪽 7번 테이블 있잖아. 저 손님이 우리 집 불고기 양념이 아주 인상적이래. 자기가 지금까지 먹어 본 것들 중에서 가장 맛있다는 거야. 그래서 불고기 먹고 싶을 땐 꼭 우리 집으로 온다잖아. 오이소박이는 말할 것도 없고 말야.' 하기도 한다.

반찬 중에서도 가장 많이 듣는 칭찬이 바로 오이소박이에 대한 것이었다.

"저쪽 구석에 있는 팀이 오이소박이를 벌써 세 번째 추가야. 오늘 처음 먹어 보았는데 아주 판타스틱한 맛이래. 역시 진수 엄마 손맛이 최고라니까."

필요 이상으로 손님들의 칭찬을 전달하여 경애의 마음을 편하게 해 주려는 한 씨 아주머니의 배려라는 것을 경애가 모를 리 없다. 하지만 경애의 진짜 속마음을 모르는 한 씨 아주머니의 말은 귓가를 겉돌 뿐이다. 경애는 그것이 미안해서 피식 웃고, 한 씨 아주머니는 자기 말을 진지하게 받아들이지 않는 것 같아 눈을 흘기곤 한다. 그런데 오늘, 홀 쪽을 넘보며 도마질을 하는 경애의 시선에 힘이 들어가는 것이 느껴졌다. 뭔가 이상하다고 고개를 갸웃하는 그 순간.

도마 소리가 멈춘다. 눈가의 근육이 굳어진다. 숨이 멎는 듯, 칼을 놓은 손을 앞치마에 문지르며 튕겨지듯 홀 쪽으로 뛰쳐나간다. 문턱을 넘어오던 한 씨 아주머니가 아슬아슬하게 비켜선다. 주방

구석에서 파트타임으로 일하는 학생이 양파를 다듬던 손을 멈추고 놀란 표정으로 바라본다. 한 씨 아주머니의 눈길이 경애의 뒤를 따른다. 홀로 뛰어나간 경애는 벽면에 잇대어있는 8번 테이블에 다가서자마자 옆모습을 보이고 있는 남자의 멱살을 휘어잡는다.

"야~ 이 배라먹을 짜식~ 야, 이 개새끼야~"

조용하던 홀의 분위기가 화들짝 놀라 깨어난다. 계산대에 앉아 있던 주인아저씨도 놀라서 바라본다. 경애에게 멱살을 잡힌 남자가 반사적으로 벌떡 일어서며 비틀어 잡은 경애의 팔을 팽개친다.

앗!

경애는 멱살잡이한 손은 놓치고 바닥에 패대기쳐진 채 남자를 올려다본다.

홀 서빙을 하던 두 아가씨가 놀라 일손을 멈추고 바라보고, 손님들의 시선이 모두 쏠린다. 주인아저씨가 다가가고, 한 씨 아주머니도 황급히 다가간다.

"오우, 쏘리, 쏘리, 쏘리, 쏘리…."

바닥에 주저앉은 채, 쏘리라는 단어만 입에 올리는 경애를 한 씨 아주머니가 일으켜 세워 주방으로 끌고 간다. 멱살을 잡힌 외국 손님은 양손을 허리에 댄 채 씨근벌떡, 호랑이 눈으로 거칠게 노려본다. 주인아저씨가 호랑이 눈을 겨우 진정시켜 자리에 앉게 한 다음, 주방으로 달려가서 영문을 묻는다.

"미안합니다. 제가 찾는 도둑놈인 줄 알고 그만."

주인아저씨에게 대답하는 경애는 여전히 흥분을 가라앉히지 못하고 있다. 주인아저씨가 여전히 주방 쪽을 노려보고 서 있는 호랑이 눈에게로 가서 허리를 굽힌다. 사람을 잘못 봤다고. 오래 동안 찾고 있던 나쁜 사람이 당신과 닮아서 착각했다고, 극진하게 해명을 한다. 뒤따라 나온 경애가 자신의 두 손을 가슴에 대고, 미안하다고, 너무나 닮아서 실수를 했다고 말하며 고개를 숙인다.

"If he looks like me, he must be a pretty good-looking guy…(나를 닮았다면, 꽤 잘생긴 모양입니다…)."

호랑이 눈이 던지는 위트 한마디로 홀 안에 짤막한 웃음이 지나가고, 돌발적으로 일어난 해프닝이 싱겁게 막을 내렸다. 경애가 아리랑식당에서 일하기 시작한 지 여섯 달쯤 되었을 때의 일이다.

그 일을 계기로 그동안 경애가 주방에서 일하는 중에도 수시로 홀을 살피는 것이라고 생각했던 한 씨 아주머니도 손님들의 반응을 보기 위해서가 아니라 누군가를 찾아내기 위해서였다는 것을 짐작하게 되었다. 엉뚱한 실수를 하고 보니 경애로선 겸연쩍기 짝이 없다. 아리랑식당 사람들에게 감추고 있던 비밀의 귀퉁이가 들통이 난 기분이기도 하다. 다소 풀죽은 모습이긴 했으나 수시로 유리 칸막이 너머 홀을 살피는 습관은 변함이 없었다. 오히려 시선이 더 날카로워졌다.

한국이 IMF의 직격탄을 맞았을 때 남편은 다니던 자동차부품 생산 공장이 문을 닫게 되면서 실직자가 되었다. 실직에 갈피를 못 잡던 남편이 택시 운전을 해 보겠다고 택시회사를 전전하다가 자유롭고, 노후보장이 된다는 말에 혹하여 빚을 내어 비싼 권리금까지 주어 가며 개인택시를 사들였다. 개인택시를 사들인 지 석 달쯤 된 어느 늦은 밤에 무단횡단을 하는 행인을 피해 급하게 핸들을 꺾다가 앞서가는 트럭을 들이받고 전신주에 부딪쳐서 논두렁에 처박히는 대형 교통사고를 내고 말았다. 중환자실에서 반년을 보낸 남편은 빚만 잔뜩 남기고 끝내 마흔아홉으로 세상을 떠났다. 서른아홉의 경애에게도 세상이 끝나는 것과 같았다. 졸지에 과부가 되고, 알거지가 되고, 빚쟁이가 된 경애에게 시어머니는 쌍 아홉수가 악수惡數라고 한탄하면서 살던 시골집과 코딱지만 한 논밭 떼기를 모조리 팔아 아들 병원비를 청산하는데 보탰다. 경애는 살고 있던 작은 아파트를 팔아 빚을 대충 갚고 지하방으로 전셋집을 얻어 시어머니와 합쳤다. 진수가 초등학교 6학년 때였다.

대형 슈퍼마켓의 매장판매원, 주유소의 주유원 등으로 가리지 않고 생계를 꾸려 나가야 했다. 그러다가 동생 경주의 도움으로 신림동에서 조그만 피자가게를 인수받아 경영하기 시작했다. 판매원으로 일할 때보다 수입은 좋았지만 일은 훨씬 고되었다. 굴절을 겪고 후 다시 희망이 보일락 말락 할 때쯤 지친 몸과 마음을 의지할 데가 필요했다. 같은 건물의 3층에 있는 교회에 나가기 시작했다. 교회에 나가면서 만나게 된 놈이 '개새끼, 배라먹을 짜식' 한성조이다. 겨우 일어서려는 자신의 삶을 헝클어 버린 놈. 경애와는 동갑내기였다. 동갑내기라서 좀 더 친근하기도 했지만, 워낙 성실하여 신도들 사이에서 평판이 좋았던 놈이다. 한 달에 한 번 돌아오는 심방 때엔 신자들과 함께 '경애표 오이소박이'를 곁들인 식사를 하기도 했다. 그러다가 청주 어딘가에 개척교회를 차려 나가게 되었다. 신도들은 유능한 젊은 부목사가 하나님의 일꾼으로 부름 받아 또 하나의 역사役事를 이루어 내는 것을 기뻐하며 축하했다. 자발적으로 개척교회를 위한 모금을 했고, 개인적으로 헌금을 하는 사람들도 있었다.

어느 날 '개새끼'가 은밀하게 경애를 찾아왔다. 진지하게 돈을 빌려 달라고 했다. 인근의 땅이 값싸게 나와서 부지로 포함시키려하는데, 그동안의 모금이나 헌금으로는 약간 부족하다고 했다. 쓸모가 많은 땅이라고 했다. 하나님의 성전을 만드는 일이니 몇 배의 축복이 내려지리라고 하면서 틀림없이 일 년 후에 큰 이자를 붙여 돌려 주겠다고 했다. 어차피 모아진 돈을 통장에 넣어 두기보다는 성스러운 일에 쓰이는 것이 훨씬 뜻있는 일이라는 생각에 의심 없이 물론 이자도 없이 빌려주었다. 오년 동안 피자 가게를 해서 모은 5천만 원이었다. 시어머니께 시골집을 마련해 드리려던 돈이다. 그러나 '개새끼'가 청주로 내려간 지 반년半年이 채 안 되었을 때 교회가 발칵 뒤집혔다. 모두가 사기였다. 많은 신도들이 관여하고, 하나님의 사업을 하는 일에 마魔가 끼리라고는 상상도 못했다. 더욱 기가 막힌 것은 이자 없이 준 이유 때문에 경애의 입장이 더 곤란해졌다. 경애와 '개새끼' 둘이서 배를 맞춰 가며 벌인 사기극이니 은신처를 대라고 몰아붙였다. 진원지를 알 수 없는 소문은 진실처럼 굳어져 갔다. 아무리 경애가 아니라고 한들 소용이 없었다. 혼자 사는 점, 동갑내기라고 친하게 지낸 점, 이자 없이 준 점까지 모두가 경애를 공범으로 몰아세우는데 잘도 들어맞는 조건이 되었다.

법에 고소하고 싶지만 교회의 일이라 안 하는 것이니 어서 은신처를 대라고, 안 대면 손해배상을 하라고 윽박질렀다.

　정작 법으로 호소하고 싶은 사람은 경애였다. 단 한 번이라도 '개새끼'와 미래를 속삭이기라도 한 사이라면 모르겠는데, 추잡한 소문으로 덮어씌워지다니. 덧발라진 가짜 스토리도 기가 막힐 일이었지만, 그보다 그동안 모은 살 같고 피 같은 돈을 몽땅 떼인 것이 더 감당할 수 없는 천길 나락이었다. 너무나 억울했다.

　경애는 이를 갈았다. 죽어 버리고 싶었다. 어린 진수는? 그리고 시어머니는? 더러운 누명을 벗기 위해서라도 죽을 수가 없었다. 세상 끝까지라도 뒤져서 '개새끼'를 찾아내어 목을 따버리고 말겠다고 작정했다.

　오래 동안 수소문한 끝에 토론토 어딘가로 잠적했다는 것을 알게 되었다. 먼 나라라고 해서 포기할 수가 없었다. 비싼 비행기 삯을 들여가며 서울에서 토론토를 오가게 되고, 가정을 내팽개친 꼴이 되었다. 그럴수록 분노와 증오가 두터워졌다. 토론토 근교에 있는 교회들까지 발 닿는 대로 뒤지고 다녔다. 한인들이 사는 곳이라면 무슨 이유라도 붙여 끼어들었다. 동창생 희숙이의 도움이 큰 힘이 되었다. 희숙은 경애의 속 깊은 비밀을 모른 채, 단지 옛 친구라는 이유만으로 도와주었다. 3개월에 한 번씩 국외로 들락거려야 했다. 지금이야 취업비자를 받아서 연장해 가고 있지만, 기어코 '개새끼'를 잡기 전에는 안 떠나리라.

제임스의 예약파티도 무사히 치르고 특별한 일 없는 나날이 흘러가면서 가을이 저 혼자 익어 가고 있었다. 저녁타임 준비를 시작하려는데 걸려온 경주의 국제전화. 경애는 핸드폰을 들고 뒤뜰로 나간다.

"언니, 진수가 육백만 원을 가져왔어. 언니에게 돌려주라고."

벼락이 내려쳤다. 어느 정도는 예감되기도 했다. 고등학교 2학년이 된 작년부터 이메일을 보내도 답이 없더니 언젠가부터는 반송되고 끊어졌으니까.

"내가 주는 돈도 안 받아. 제 힘으로 하겠대. 그동안 알바를 계속했었던 모양이야. 그리고 언니, 이런 말을 해야 할지… 한국요리 전공한 건 엄마 대신… 언니, 언니 듣는 거야? 언니 기분 아는데… 그래도 알고 있긴 해야 할 거 같아서…." 뭐 대충 이런 말이 들려온 것 같긴 한데, 귀가 멍해지면서 아무 소리도 들리지 않았다. 엄마 대신…? 내가 알아야 할 말? 무서웠다. 그저 무너져 내리는 것만 같다. 핸드폰의 커버를 덮고 말았다.

크리스티 피츠 파크의 나뭇잎들이 붉고 노랗게 마지막 용을 쓰고 있는 것이 확연하다. 이번 겨울은 따뜻할 것 같던 예감이, 따뜻했으면 좋겠다는 얼마 전의 기대가 일순간 노랗게 부서져버린다. 붉고 노란 나뭇잎들이 수천수만 개로 흩날려 보인다.

그날 저녁, 처음으로 한 씨 아주머니에게 진수 이야기를 털어놓는다.

"너무 실망할 것 없어. 그 나이엔 그럴 수 있지. 조금만 참고 기다려 봐. 천륜은 쉽게 끊어지지 않아. 누가 알아? 아들놈이 엄마를 찾아와 엄마 대신 최고의 맛을 내는 오이소박이 밥상을 차려 낼지… 알 수 없는 일이야.”

한 씨 아주머니의 놀라운 역설에 웃음이 나온다. 코미디 같은 그 말이 경애의 마음을 옭아매기도 했지만 열리게도 해 주었다. 그래, 맞아. 신기한 일이다. 코리아타운에서 오이소박이를 한국음식의 대표 주자로 만들어 봐?

지금까지 견뎠는데. 조금만 더 견디자!

그렇게 경애의 마음이 가라앉고 있는데 문득 생각났다는 듯이 한 씨 아주머니가 말을 잇는다.

“참, 진수 엄마. 이번 목요일에 나와 줄 수 없을까? 그날 저녁에 모시고 올 손님 한 분이 있어서….”

마지막 목요일은 경애가 한 달에 한 번 쉬는 날이다.

“중요한 사람인가 보죠?”

“응, 오래 못 살 사람인데… 하필이면 날짜가 그렇게 됐어. 죽기 전에 한국음식을 먹어 봤으면 하더라구. 특히 상큼한 오이소박이가 가장 먹고 싶다는 거야. 그 소릴 듣는 순간 탁 떠오르는 게 진수 엄마였지. 오이소박이 하면 우리 식당이잖아? 바로 소문난 진수 엄마 솜씨!”

한 씨 아주머니가 애교스러운 표정을 지으며 경애를 바라본다.

“우리 교회에서 운영하는 양로원에 계시는 분인데, 따져 보니 우리 먼 친척뻘 되는 분이더라구. 아무래도 손발 맞는 진수엄마가 있어야지. 저런 꼬맹이들에게 맡길 수가 없잖아. 대신 내가 다른 날

이틀, 곱빼기로 보답할게. 나와 줄 수 있지? 음식으로 공덕 쌓는 일이야."

"공덕은 무슨. 알았어요."

약속한 목요일.

초저녁 손님들이 성글게 차 있다. 문이 여닫힐 때마다 신경을 쓰던 한 씨 아주머니가 부축하듯 입구를 들어서는 두 남자를 보고 달려 나가 맞이한다. 한 씨 아주머니의 남편과 죽기 전에 한국음식을 먹어 보고 싶다고 했다던 그 남자다. 마침 화장실 계단에서 올라오던 경애가 힐끗 그 광경을 바라본다. 한눈에 알 수 있다. 다가가서 인사라도 할까 하다가 그냥 주방으로 들어가 차려낸 준비를 한다. 구부정한 허리를 부축 받는 남자는 의자에 앉는 것조차 힘겨운 듯 바들바들 떨고 있다. 얼굴이 제대로 보이진 않지만 얼핏 보아도 몸도 스스로 가누지 못하는 중환자 티가 난다. 주방으로 들어온 한 씨 아주머니가 음식 서빙을 준비하며 입을 연다.

"한국에서 무슨 사업인가 하다가 망했다는데… 중증마약중독인데다 골수암까지 번져서… 아마 마지막 외출이 될 거야."

마지막 음식이라니… 경애는 정성껏 음식을 접시들을 쟁반에 놓아준다. 한 씨 아주머니가 쟁반을 들고 주방으로 나간 후에도 경애는 안쓰러운 마음이 되어 유리 칸막이 너머를 살핀다. 앞접시에 음식을 나눠 담아 주는 한 씨 아주머니에게 고갯짓으로 고마움을 표하는 남자. 수염과 머리카락이 제대로 정돈되지 않은데다 퀭한 눈과 광대뼈가 거의 해골을 연상시키는 남자, 손까지 덜덜 떨며, 나이를 가늠할 수 없는 얼굴….

헉!

'배라먹을 놈', '개새끼', 바로 그 한성조다. 경애의 시선이 고정되면서 온몸이 굳어 버린다. 눈에 현미경이라도 들이대듯 두두두두 시선을 모아 초점을 맞춘다. 틀림없다. 그 순간, 목울대로 치밀어 오르는 뜨거움. 온몸을 조여 오는 전율. 주저앉아지는 무릎을 겨우 조리대를 짚고 버틴다. 땀이 솟는다.

"왜 그래? 진수 엄마."

주방으로 돌아오던 한 씨 아주머니가 놀라 다가선다. 경애는 아무것도 아니라고 손짓을 하며 한 씨 아주머니가 들이미는 물컵을 받아 벌컥벌컥 마신다.

이를 악물고 최대한으로 태연을 가장하며 한 씨 아주머니에게 계속해서 음식을 수북수북 담아 내보낸다. 오이소박이도 수북수북 담아낸다. 제정신이 아니다. 홀을 오가는 한 씨 아줌마는 흘긋흘긋 경애에게서 눈을 떼지 못한다.

한 씨 아주머니 남편이 쥐어 주는 젓가락으로 힘겹게 반찬을 집어먹기도 하고, 한 씨 아주머니가 가끔 떠 넣어 주는 음식을 받아먹기도 '개새끼'를 보는 경애의 머릿속에 허공이 가득 찬다. 주방을 들락거리며 시중을 들던 한 씨 아주머니 역시 심상찮음을 느끼지만 그저 그뿐, 겨를이 없다.

심방 때 오이소박이를 맛있게 먹으며 이렇게 맛있는 오이소박이는 처음이라고 하던 일이 떠오른다. 물론 사단이 나기 전의 일이다. '빌어먹을. 왜 이 순간에 그런 일까지 떠오르는 거야.' 경애의 눈에 배어나는 매운 눈물이 광기로 번득인다.

시간이 어떻게 흘렀는지 모른다.

뭔가 증상이 좋지 않은지 생각보다 일찍 식사를 마친 후, 주춤주춤 일어서는 '개새끼'를 한 씨 아줌마 남편이 돕는다. 한 씨 아주머니가 따라붙어 거든다. 부축을 받은 '개새끼'가 잠시 허탈한 시선으로 천천히 실내를 둘러본다. 마치 언제 다시 한번 오겠다는 듯. 이곳의 풍경을 망막에 새겨 두려는 듯. '개새끼'의 눈길은 주방까지 훑는다. 마치 마지막 세상을 담아 두겠다는 듯한 그 허황한 눈빛. 그 눈길을 보는 순간 경애는 하마터면 조리대 위에 이마를 부딪칠 뻔 한다.

찬 기운이, 아니 뜨거운 불길이 경애의 온몸을 훑고 지나간다.

뒷마무리를 몽땅 한 씨 아주머니에게 떠맡기고 허겁지겁 퇴근을 한 그날 밤을 어떻게 보냈는지 모른다. 쇠 방망이로 된통 한 대 얻어맞은 기분이 이럴까? 정신이 제대로 있는지. 머릿속에 가득 먼지들이 들어찬 듯, 수습되지 않는 현기증으로 꼬박 밤을 새운다. 모든 것이 물거품이다. 몸속에 쌓인 분노도, 울분도, 퍼붓고 싶었던 증오도 모두 빠져나가 버려 공중분해 되는 기분이다.

다음날, 11월도 다 가는 마지막 금요일이다. 경애는 전날 밤의 충격을 벗어나지 못한 채다. 체중마저 줄어든 기분으로 휘청거린다. 한 씨 아주머니와 부딪치지 않도록 비켜 가면서 아무 일 없는 평소처럼 보내느라고 애쓰다 보니 오히려 뭔가 더 어색해진다. 가끔씩 코웃음도 아닌, 한숨도 아닌 야릇한 헛웃음이 나온다. 한 씨 아주머니가 심각한 눈빛으로 가끔 경애를 살핀다.

"그 양반, 응급실로 실려 갔는데, 오늘을 못 넘길 거래."

경애는 귓등으로 듣는 척, 그러나 마음속엔 허망한 여울이 만들어진다. 이미 건너와 버린 여울물 소리가 아득할 뿐이다.

그때 제임스가 들어온다. 주방의 시렁 위에 있는 앉은뱅이 시계가 9시 반을 가리키고 있다. 경애는 여울을 건너 뛰어 홀로 나간다. 제임스는 지난번 회식 때 고마웠다는 인사를 빠트리지 않는다.

"오늘… 저녁 일 마치고 잠깐 시간을 내줄 수 있어요, 오이씨?"

'오이'는 친근함을 표시하느라고 제임스가 붙인 경애의 애칭으로 제임스가 기분이 좋을 때 섞어 부른다.

"오늘은 중요한 이야기기가 있어요. 일 끝날 때까지 기다릴게요."

구석 자리를 잡아 앉는다.

안정되지 않는 마음을 다스리기 위해서도 거절할 수가 없다. 유리 칸막이 너머에서 한 씨 아주머니가 두 사람을 향하여 윙크하지만 등 쪽으로 선 경애는 알아채지 못한다. 마주 보이는 제임스와 계산대에서 결산을 하던 주인아저씨만 알아채고 싱긋 웃는다. 모든 뒤처리를 한 씨 아주머니 몫으로 맡기고 제임스와 함께 식당을 나선다.

"크리스티 피츠 파크로 가요. 거기 차를 세워 두었어요."

연말을 앞둔 코리아타운의 밤거리는 늦은 시간임에도 화려하다. 혹시 이 시간에 어디를 가자고 하면 어쩐다? 지금 그럴 기분이 아닌데… 무슨 말로 입막음을 한다? 궁리하며 걷는다.

공원의 공기가 한결 싸늘하다. 서쪽 길가의 나무 아래 제임스의 차가 주차되어 있다. 제임스가 평상시처럼 조수석의 문을 열지 않고 뒤편으로 가며 손가락 사인을 보낸다. 따라간다. 제임스가 트렁크 뚜껑을 열고 한 발 물러서며 보라는 사인을 한다. 가로등 불빛이 사선을 긋고 있다. 허리를 약간 굽히고 불빛 스치는 트렁크 안을 들여다보던 경애의 눈이 커진다. 어머나!

차 트렁크 안에는 오이가 가득 실려져 있다.

"오이씨, 이 오이로 오이소박이 담으면 얼마 동안 먹을 수 있을까?"

놀라는 경애의 주변으로 이상한 정적이 지나간다.

"오이씨, 이 오이로 오이소박이를 만들어 줄 수 있어요? 한 번에 다 만들 수는 없겠지?"

"……! ……? ……."

침묵이 흐른다.

"그래서, 두고두고 조금씩 만들어 주면 좋겠어요. 펴엉생 동안."

"……! ……? ……."

"아직도 모르겠어요? 오이씨? 나 지금 오이씨에게 청혼 프러포즈하는 거예요."

다시 정적. 그러나 길지 않다. 정적이 폭발하듯 경애가 갑자기 웃음을 터트렸기 때문이다.

바늘밥이 터진 튀밥 자루 같다. 어디서 그렇게 웃음이 용솟음쳐 나오는지 놀라울 지경이다. 그동안 웃어본 일이 없는, 숨겨진 채 터지기를 기다린 웃음보처럼. 허리가 휘어지도록 웃어도 가시지 않는 웃음을 감당하기 어려워 나무 둥치를 손으로 짚는다. 생각 같아서는 공원의 잔디밭에 나뒹굴고 싶다. 그래야 비로소 비워 낼 것 같은 웃음보따리. 한참 동안을 그렇게 웃는다.

지켜보던 제임스가 어깨를 들먹이며 따라 웃기 시작한다. 큰 입을 벌리고 제임스가 웃자 경애의 웃음소리가 더 커진다.

큰 키의 우듬지에서 드러나는 제임스의 하얀 이가 마치 공중에 떠 있는 팔찌 같다. '무슨 팔찌가 공중에 떠 있냐? 입도 크다.' 웅얼거리면서 웃는 순간 '아, 저 팔찌가 내 운명을 묶는 수갑이구나.' 하는 생각이 스친다. 허탈하다. 이내 웃음이 잦아들면서 눈물이 난다. 눈물을 참느라고 우우우 이상한 신음소리까지 낸다.

제임스의 서툰 한국말이 이어진다.

"오이, 당신 지금 웃는 거야? 우는 거야?"

경애는 다시 웃음이 터트린다. 제임스가 따라 웃는다. 둘이서 웃어 재치는 소리가 뒤엉켜 공원의 잔디 위를 비추고 있는 불빛 사이를 지나 밤하늘로 퍼져 나간다.

권천학

캐나다 한국일보 칼럼니스트, 미국 '시의 달'(22년 4월)의 문학축전과, 맨체스터대학의 온라인대회(22년 2월)에 시집 『Love is Pain of Feverish Flower, 사랑은 꽃몸살』이 각각 1위 랭킹. 『WIN(Writers International Network)』 수상. 캐나다 포트무디(Port Moody)시의 『이달의 문화예술인』으로 선정(2016, 7). 현재 토론토 〈K-문화사랑방〉 대표.
cheonhak.kwon@gmail.com, impoet@hanmail.net

특집

문학상 수상
제65회 경상북도 문화상 – 권영호(의성)

2025년 문학 부문 수상자로 권영호(의성) 아동문학가가 선정되어 경북 도청에서 수상식이 있었다. 씨는 고향인 경북 의성군에 의성문학회를 창립해 '의성문학'을 발간하는 등 40여 년간 창작활동을 하며 지역 문학 발전에 이바지한 공로를 인정받았다.

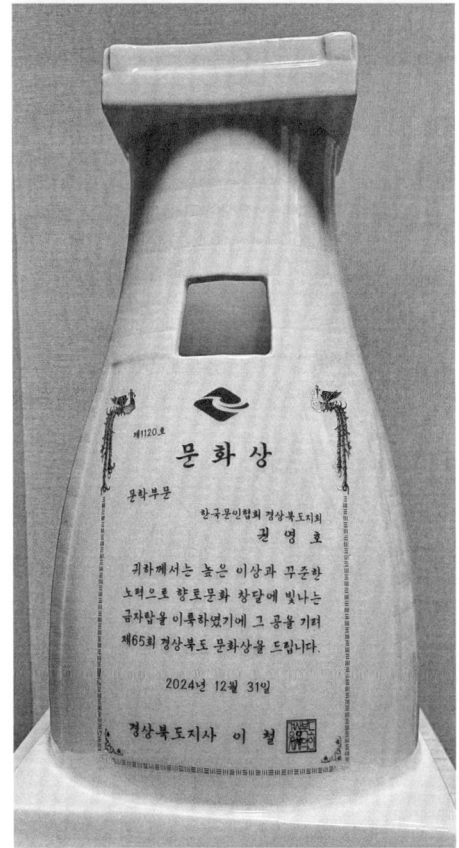

제36회 영남아동문학상 - 권영호(의성)

[수상작: 동화] 세 발 고양이

'알록이의 다리를 부러뜨린 건 돌멩이를 던진 아이의 짓!'
'뚜껑 없는 하수구에 빠진 하양이 호흡 곤란으로 입원'
'음식물 쓰레기봉투 속, 상한 음식을 먹은 까망이 생명 위독!'
'교통사고로 의식 잃은 달록이, 하늘나라로 가다.'
'계속되는 고양이들의 수난, 대책이 없는가.'
'이제 고양이들의 안전지대는 사라졌다.'

고양이들만 보는 신문에는 매일 이런 기사들로 빽빽했습니다.
'야옹 마을'

언제 이런 끔찍한 변을 당하게 될지 몰라 사람들이 사는 동네를 빠져나온 고양이들이 살고 있는 곳입니다. 주택지와 거리가 멀어서 비록 먹을 것을 구하기가 쉽지는 않았지만, 마음만은 한결 편했습니다. 겁 없이 쌩쌩 달리던 차, 오토바이, 자전거가 없으니 두려움도 없었습니다.

그날도 고양이들이 뽑은 왕 고양이는 지나간 신문을 뒤적이며 다시 읽었습니다. 읽으면 읽을수록 소름이 끼치는 기사들뿐이었습니다. 그러던 왕 고양이가 혼자서 머리를 설레설레 흔듭니다. 무언가 중요한 결심이라도 하듯 입술을 지그시 깨물곤 했습니다.

며칠 후였습니다.

◇ 대회명 : 제1회 봄맞이 마라톤 대회
◇ 일　시 : 봄꽃이 만개한 날
◇ 참가자격 : 생후 3개월 이상 8개월 미만 고양이
◇ 시　상 : 우승자는 단 한 마리뿐임

왕 고양이는 마을 곳곳에다 커다란 현수막을 내걸었습니다. 벌써 마을은 축제 분위기였습니다. 덩달아 신이 난 봄바람이 현수막 천에 찰싹 달라붙어 팔랑팔랑 한들 춤을 추어 댔습니다.
"조심, 조심. 밑으로 내려오너라."
혹시나 현수막이 찢어질까 봐 걱정된 왕 고양이가 봄바람을 달래며 손짓했습니다.
"대회에 참가할 생후 3개월 이상 8개월 미만인 고양이는 사람으로 말하면 청소년이란다."
남의 말을 듣고는 잠시도 마음속에 두지 못하는 봄바람은 온 마을을 쏘다니며 왕 고양이의 말을 그대로 퍼뜨렸습니다.
"엄마. 나도 마라톤 대회에 한번 나가 볼래요."
바싹 다가앉는 새끼 고양이를 엄마 고양이가 측은한 눈빛으로 바라보았습니다.
"나이로 봐서 너도 자격은 있지."
몇 달 전이었습니다. 보통 다섯 마리 정도 새끼를 낳는 다른 고양이들과는 달리 엄마 고양이는 고작 한 마리만 낳았습니다. 그나마 태어난 새끼는 앞다리가 둘, 뒷다리가 하나뿐인 '세 발이' 기형 고양이였습니다. 어떻게 해서 세 발 고양이가 태어났는지 엄마 고양이도 몰랐습니다. 엄마 고양이가 임신하였을 때, 밤 골목을 지나가다가 술에 취한 사람이 발길에 배를 걷어차이는 사고를 당한 적은 있었지만 말입니다. 엄마 고양이는 불쌍한 세 발 고양이를 볼 때마다 가슴이 미어지는 죄책감에 얼마나 괴로워했는지 모릅니다. 같은 시기에 태어난 또래들은 벌써 쪼르르 잘도 걷고 달리지만 세 발이는 겨우 집안에서만 뒤뚱거리니까 말입니다.

"그런 몸으로 어떻게 마라톤을 하겠니?"

엄마의 힘없는 목소리에는 산보다 더 큰 근심이 묻어 있었습니다.

"할 수 있어요. 엄마"

세 발이가 엄마를 빤히 쳐다보았습니다.

"정말?"

"네."

"그렇담 좋다!"

엄마가 마음을 크게 먹었습니다. 세 발이라고 언제까지 집에서만 지내게 할 수 없는 노릇이니까요. 어차피 앞으로 마주쳐야 할 바깥세상을 이번 기회에 미리 만나게 해 주고 싶었습니다.

드디어 기다렸던 마라톤 대회가 열리는 날이었습니다.

선수들은 물론 마을 고양이들이 모두 나왔습니다. 일찌감치 출발선으로 나온 어린 고양이들은 저마다 몸 풀기가 한창입니다.

"세 발이다. 세 발이!"

누군가가 소리치자 모든 눈망울이 세 발이에게로 한데 모아졌습니다.

"아니, 저 꼴로 마라톤을 하다니. 웃긴다. 웃겨."

여기저기에서 새어 나오는 비아냥거림이 또 엄마의 마음을 아프게 했습니다.

"저기 보이는 개울을 건너편에 서 있는 이팝나무를 돌아와야 한다."

세 발이는 입술을 꼬옥 물고 앞을 바라보았습니다.

"자, 출발이다. 탕!"

심판 고양이가 쏜 신호총 소리가 야옹 마을을 쩌렁쩌렁 울렸습니다. 순간, 앞다투어 달리려던 고양이들 틈에서 세 발이는 꼼짝하지 못했습니다.

"걷지도 못하는 새끼를 왜 내보냈을까?"

어른 고양이들이 핀잔이라도 하듯 세 발이 엄마 고양이를 힐끗 쳐다보며 혀를 끌끌 찼습니다.

다른 고양이들이 출발하고 난 한참 후에 세 발이가 움직이기 시작했습니다. 두 개의 앞다리에 힘을 바짝 주어 몸을 끌어당겨 하나뿐인 뒷다리로 땅바닥을 탁 차올려 팔짝 뛰어 보았습니다. 성공이었습니다. 신기했습니다. 여태껏 이렇게 뛰어 본 적은 한 번도 없었습니다.

한참을 걸려 겨우 마을을 벗어났습니다. 벌써 다른 고양이들은 저만치 앞서 달려가고 있었습니다. 세 발이는 그만 길가에 풀썩 주저앉아 버렸습니다. 숨이 목까지 차올랐습니다. 그런 세 발이를 노오란 민들레가 방긋 웃으며 쳐다보았습니다. 어디선가 하얀 나비 한 마리가 날아와 민들레꽃 위에 살포시 내려앉았습니다.

"자, 힘을 내자!"

하얀 나비가 포르르 앞장서 날았습니다.

잠시 몸을 추스른 세 발이가 일어났습니다. 다시 달리기 시작했습니다.

"힘들겠지만 끝까지 달리는 거야."

하얀 나비가 세 발이를 뒤돌아보며 속삭이듯 말했습니다. 어젯밤, 다리 세 개를 주물러 주면서 엄마가 했던 그 말과 똑같았습니다.

세 발이는 고개를 끄덕거렸습니다. 벌써 반환점을 돌아오는 선두 고양이들이 이쪽으로 달려오고 있었습니다. 세 발이는 그런 고양이들을 쳐다보기가 부끄러웠습니다. 그래서 점점 가까이 다가온 고양이들이 바람처럼 스쳐 지날 때면 길가에 피어 있는 봄꽃 쪽으로 고개를 돌려버렸습니다.

"봄꽃이 참 예쁘지?"

하얀 나비가 발끝으로 꽃잎을 톡톡 쳤습니다.

"응. 근데 나는 오늘 처음 보았어."

"방금 의기양양하게 달려가는 고양이들을 부러워하지 마. 저렇게 앞만 보고 가다 보면 이 아름다운 세상은 보지 못하거든."

세 발이의 속마음을 알아차린 하얀 나비가 생긋 웃어 주었습니다.

드디어 세 발이도 반환점인 이팝나무 앞에 닿았습니다. 해님도 마라톤을 하나 봅니다. 출발할 때 동산 꼭대기에 비스듬하게 걸려 있던 해님이 어느새 하늘 가운데까지 달려와 있었습니다.

천천히 앞서 날아가는 하얀 나비를 따라 달리다가 걷고, 걷다가 또 달리니 힘겨운 줄 몰랐습니다. 얼마나 많은 시간이 지났는지 모릅니다.

이제 모롱이만 돌면 결승선이 보입니다. 그러나 대회는 벌써 끝이 났을 성싶었습니다.

"세 발아 잠깐만!"

하얀 나비가 날갯짓을 멈췄습니다.

"왜 그러니. 빨리 가야 하지 않을까? 벌써 대회가 끝난 것 같은데…."

하얀 나비가 멈춰선 세 발이에게로 다가갔습니다. 온통 땀과 흙먼지로 범벅이 된 세 발이에게 큰 날갯짓으로 부채질해 주었습니다.

"괜찮아. 너도 피곤할 텐데."

"매무새를 다듬어 주려고 그래."

"이제는 나를 쳐다봐 줄 고양이들도 없을 텐데."

"그게 무슨 상관이야. 마지막 순간이야말로 자신의 모습을 살펴보는 건 아주 중요하거든. 자. 됐다. 가자!"

하얀 나비를 앞세운 세 발이는 아무도 없을 결승선을 향해 달렸습니다.

모롱이를 휙 돌던 바로 그때였습니다.

"세 발이가 나타났다!"

이미 대회가 끝나고 모두 집으로 돌아가 버린 줄 알았던 고양이들이 일제히 소리쳤습니다. 한 걸음 한 걸음 뒤뚱대며 달려오는 세 발이를 본 엄마 고양이는 두 눈에다 그렁그렁 눈물을 달았습니다.

심판 고양이가 꼴찌로 달려온 세 발이를 불렀습니다.

"아직 경기는 끝나지 않았다. 내가 하는 질문에 대답해야 한다."

눈을 동그랗게 뜬 세발이가 숨을 헐떡거렸습니다. 주위에 서 있던 고양이들도 숨을 죽였습니다.

"먼 길을 마라톤으로 달려오면서 넌 무엇을 보았니?"

결승선으로 들어온 고양이들에게 일일이 물었던 질문과 똑같았습니다.

"마을을 벗어나서 생기가 넘치는 초록 들판을 보았습니다. 하늘에서 내려왔을 하얀 나비를 만났습니다. 달리다가 지쳐 길가에 주저앉아 버린 저에게 용기를 준 민들레, 다섯 개의 노오란 잎을 흔들어 주던 애기똥풀꽃, 반환점인 이팝나무 옆에서 박수를 보내 주던 하얀 봄맞이꽃이랑 자줏빛 각시붓꽃, 그리고 커다란 녹색 잎 속에 숨어있던 꽃마리…."

심판 고양이 옆에서 세발이의 말에 귀 기울여 잠자코 듣고 있던 왕 고양이는 연신 고개를 끄덕끄덕했습니다. 여태껏 이렇게 많은 걸 보았다는 고양이는 없었습니다.

"그렇게 많은 걸 보면서 느꼈던 것을 얘기해 보렴."

세 발이는 잠시 머뭇거렸습니다. 처음부터 온몸을 꽁꽁 묶은 긴장이 좀처럼 풀리지 않았습니다.

"무슨 말이든 괜찮아."

"저가 보았던 봄꽃들은 참 아름다웠습니다. 그런데도 그 꽃들은 고개를 치켜들지 않고 아주 겸손하게 다소곳이 피어 있었습니다."

세 발이는 잠시 말을 끊었습니다.

"꽃들은 하나 없이 연약해 보였습니다. 그러나 눈보라 치던 지난겨울을 참고 견뎌 왔기 때문에 그렇게 예쁜 꽃을 피울 수 있었을 것입니다. 비록 성치 않는 몸이지만 저도 풀꽃처럼 꿋꿋하게 살아가겠다고 마음먹었습니다."

세 발이의 말이 끝나자 여기저기에서 박수 소리가 쏟아져 나왔습니다.

마을 표지판으로 세워둔 길쭉한 돌 위에 앉아 있던 왕 고양이가 폴짝 뛰어올랐습니다.

"여러분, 지난날 못난 사람들이 우리를 못살게 괴롭히고 슬프게 했던 것은 사실입니다. 그래서 지금도 그 사람들을 미워하며 욕했고 원망하면서 용서하지 못하고 있습니다. 따지고 보면 우리에게도 잘못은 있었습니다. 분별없이 그저 앞만 보고 달렸는가 하면 아무것이나 집어 먹고 텀벙댔던 우리의 못난 습성이 화를 불러오기도 했습니다. 오늘 마라톤은 여느 경기와 다른 의도가 있었습니다. 반환점을 돌아 결승선을 향해 빨리 달려온 순서를 정하려는 것이 아니었습니다. 어린 고양이들에게 비록 늦게 결승선으로 돌아오더라도 달리면서 주위를 둘러보며 생각을 가다듬는 기회를 마련해 주기 위한 마라톤 대회였습니다. 그리고 더욱 중요한 것이 있습니다. 우리는 항상 단정해야 합니다. 어떤 일에 몰두하여 많은 걸 이루어 놓았다고 해도 그 일로 인해 자기 본래의 모습이 흐트러져 있는 걸 알아차리지 못한다면 아무 의미가 없는 것입니다."

이어서 우승자 발표가 있었습니다. 왕 고양이의 말에 귀를 기울이던 고양이들은 사뭇 진지한 눈빛으로 심판 고양이를 바라보았습니다.

"불편한 몸으로 끝까지 달려온 끈기, 반짝이는 두 눈에 많은 걸 담으며 아픈 자기의 마음을 스스로 다독거렸던 고양이! 힘든 일을 해내면서 마지막에는 헝클어진 자기의 모습을 살펴보고 가다듬었던 세 발이를 오늘의 우승자로 선언합니다."

고양이들은 일제히 함성을 질렀습니다. 비록 달리는 마라톤에서는 꼴찌를 했지만 세 발이의 우승에 아무도 반대하지 않았습니다.

"장하다, 우리 세 발이!"

엄마 고양이가 달려와 와락 껴안아 주었습니다. 울컥 쏟아지려는 울음을 세 발이는 꾹 참았습니다. 잠시 후 세 발이가 주위를 두리번거렸지만 하얀 나비는 보이지 않았습니다. 노란 개나리 꽃잎 위에 걸터앉아 장한 세 발이를 지켜보던 하얀 나비가 어디론가 훨훨 날아가 버린 뒤였습니다. (끝)

당선 소감

멋 자랑하던 단풍의 계절이 지나간 자리에 성큼 겨울이 다가와 있다. 며칠 후면 텅 빈 들판 위로 초겨울 바람이 불어닥치면 하늘에는 온통 허허로움이 흩날릴 것이다. 맥없이 겨울잠에 빠져 버리는 내 고향, 그래도 풋풋한 마늘 싹이 돋아날 새봄이 있기에 인내하는 가슴은 마냥 벅차 있다.

나는 오늘 기쁨과 설렘으로 두 손을 힘껏 치켜올렸다. 운동회 날 마라톤대회에서 지켜보는 선생님과 아빠랑 엄마, 아이들의 박수갈채를 받으며 당당하게 결승 테이프를 끊었던 그 아이처럼 말이다.

'제36회 영남아동문학상 수상!'

을씨년스럽던 겨우내 애타게 기다렸던 환한 봄 햇살을 맞이한 것

같은 찬란한 감격이다.

 1980년대, 필자가 새바람아동문학회 창립회원으로 활동했던 그 무렵, 제정된 '영남아동문학상'은 우리나라 아동 문단을 대표하는 문인들에게 주어진 영예로운 상이었다. 아주 오래전, 평소 무척 나를 아껴 주었던 사형께서 본 상을 받는 자리에 참석하여 박수로 축하하며 부러워했던 기억이 새롭다. 그 자리에 내가 서게 된다는 게 마냥 부끄럽고 행복하다.

 어른들은 걱정한다. 요즈음 아이들에겐 '기다림'과 '고마움'이 없다고 말이다. 가장 큰 이유는 학교 교육의 서열화, 자녀에 대한 부모 관심의 극대화로 아이들은 고향을 잃어버렸거나 잊고 지내기 때문이다.
 예쁜 풀꽃 찾아 손에 손잡고 올랐던 고향의 산, 해지는 줄 모르고 친구들과 함께 놀던 고향의 언덕, 계절마다 다른 풍경을 펼쳐 주는 고향의 들판, 물장구치며 피라미 잡던 동구 밖 고향의 냇가, 눈이 시리도록 파랗던 고향의 가을 하늘, 고향 그곳에는 가슴 뭉클한 정겨움과 따스한 인정이 있다.
 나는 고향을 담은 동화를 쓰려고 애를 써 왔다. 아이들에게 엄마의 품처럼 포근한 고향을 나누어 주고 싶어서였다.
 고향을 가진 아이는 기다릴 줄 알기 때문이다. 고향을 가진 아이는 고마워할 줄 알기 때문이다.

영예로운 '영남아동문학상'을 수상하면서 나는 한 번 더 작지만 단단한 다짐을 해 본다. 앞으로도 고향을 담은 동화로 컴퓨터, 게임기, 핸드폰에게 빼앗겨 버린 아이들을 반드시 되찾아 오겠다고 말이다.

졸작을 뽑아 주신 강영희 회장님을 비롯한 심사위원 모든 분께 깊은 감사를 드린다. 아울러 영남아동문학회의 큰 발전을 기원한다.

심사 소감

짜임새 있는 이야기 구성과 빼어난 문체들

제36회 영남아동문학상 수상자로 오랫동안 동화를 써온 권영호 작가가 선정되었다. 권영호 작가는 1980년, 기독교아동문학상으로 등단한 이래 40여 년 넘게 아동문학계에서 줄곧 동화를 써 왔으며 정년을 마칠 때까지 교직 생활을 해 오신 분이다.

권영호 작가가 쌓아 오신 경력들이 말해 주듯이 그가 보여 주는 동화들을 보면 선뜻 눈에 띄는 특징을 지니고 있었다.

그 첫째는 짜임새 있는 이야기의 구성이다. 어쩌면 이야기들을 그렇게 술술 풀어헤쳐 놓았는지 놀라지 않을 수 없었다. 그의 동화를 보면 흔한 소재든 특이한 소재든 어떤 대상이라도 이야기를 잘 엮어 내고 있다. 심오하고 정성 어린 사고 활동을 통해서 얻은 산물로 여겨진다.

그다음에는 동화 속에 나오는 등장인물들의 개성을 실감나게 잘

표현하고 있다. 그리고 또 하나 눈길을 그는 것은 아름다움을 자아내는 빼어난 문체들이었다

- '땅바닥에 납작이 엎드린 풀들은 고개를 들 기력을 잃었다.'
- '하늘에서 부르는 매미들의 합창 소리가 별빛을 타고 내려왔다.'
- '엄마의 힘없는 목소리에는 산보다 더 큰 근심이 묻어 있었다.'

 이런 문장들 외에도 빼어난 문장들이 수없이 눈에 띄었다. 말 한마디, 문장 하나에 시적인 감성들이 묻어 있고 심혈을 기울여 표현하고 있다는 것을 짐작할 수 있었다.
 이외에도 대부분의 동화에 자연스럽고 조화로운 이야기를 담고 있으며, 또 이야기 속에 주제를 은근히 심어 놓는 능숙한 기교까지 보고 주고 있었다.
 권영호 작가는 지금까지도 동화 작가로서 우수한 능력을 보여 주었지만 앞으로도 좋은 작품들을 생산하리라는 믿음이 들었다.
 이번에 영남아동문학상에 응모해 주신 동화, 「세 발 고양이」를 비롯하여 작품집 『노란 고향의 봄』에 수록된 많은 작품들이 영남아동문학상 수상작으로 손색이 없기에 주저함이 없이 권영호 작가 글 선에 올려놓는다.
 수상하게 됨을 축하드리며 계속 변화 발전되어 가시기를 바랍니다.(심사위원: 강영희 · 정영웅)

제43회 한국기독교문학상 - 권은영

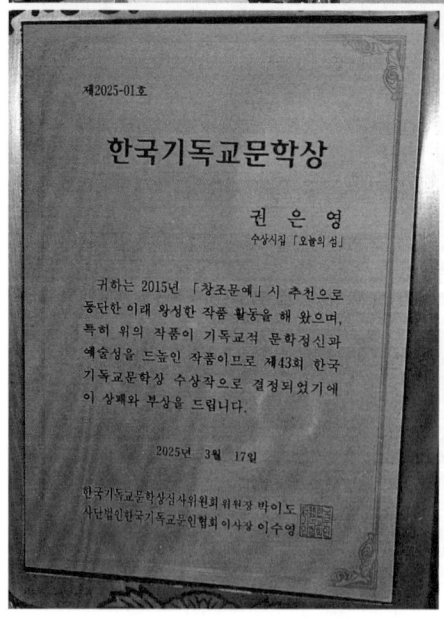

심사평

절대자를 향한 순전한 사랑을 추구

 제43회 한국기독교문학상 심사는 지난해 12월 18일 기독교신문 편집국장실에서 이수영 이사장이 참석한 가운데 심사위원회 회의를 했다. 박이도 원로 시인을 위원장으로, 위원에 최규창 시인과 박정미 수필가로 구성한 다음에 심사하였다. 지난 1년 동안 발간된 작품집과 작품을 놓고, 논의한 끝에 권은영 시인의 『오늘의 섬』을 만장일치로 선정했다.
 이 시집은 절대자를 향한 순전한 사랑과 자연 속의 맑고 깨끗한 감성을 추구했다고 평가했다. 자연과 고향, 그리고 신앙의 대상인 하나님의 세계를 형상화한 것이다. 깊은 서정과 대상에 대한 따뜻한 시선인 신앙의 시각이 어우러지는 것이 수상 시집의 특징이다. 이 시들은 서정과 신앙을 접목해 문학적 상상력으로 전개했다. 이러한 시들은 선명한 이미지와 부드럽고 따뜻한 시어로 추구해 '일깨움'과 '깨달음'의 감동을 준다. 이러한 시 세계로 수상한 것을 축하드린다.(심사위원 : 박이도, 최규창, 박정미)

수상 소감

권은영

 이 영광된 자리에 서게 하신 하나님께 먼저 감사를 드립니다. 심사위원님들과 한국기독교 문인협회 임원님, 그리고 회원님들께 감사드립니다. 오늘 이 상은 기독교인으로서는 가장 영광스러운 상이기에 더욱 감사드립니다.

　오늘이 있기까지, 시를 쓰도록 동기를 부여하여 주시고 이끌어 주신 창조문예 발행인이신 임만호 회장님과 창조문예 주간이신 최규창 주간님께 깊이 감사드립니다. 또한 이 자리에 오셔서 축사를 하여 주신 한국문인협회 김호운 이사장님과 박이도 한국기독교문인협회 전 이사장님, 임만호 창조문예회장님, 김영진 한국기독교문인협회 전 이사장님, 이대문인회 김현숙 회장님께 감사드립니다. 대학 시절부터 지금까지 서로 아끼며 함께해온 친구들 불편한 몸으로도 와 주어 참 고맙습니다. 언제나 응원하고 격려해 주는 우리 가족 고맙습니다.

　크리스천으로서 가장 명예롭고 영광스러운 이 상을 주시는 것은, 오랜 세월 문학을 떠나 탕자로 살다가 황혼기에 돌아온 제게 펜을 들 수 있을 때까지 쓰라는 채찍으로 알고, 마음 깊이 새기겠습니다. 한국기독교문인협회의 무궁한 발전을 기원합니다. 감사합니다.

표지의 문인

권오순權五順

편집부

권오순은 일제강점기와 현대의 여성 아동문학가이다. 동요·동시와 소년소설을 썼다. 아호는 맹물 또는 설봉雪峯이다. 그녀는 1919년 황해도 해주에서 교육 사업을 하던 권영붕의 장녀로 태어났다. 어려서 소아마비를 앓은 후 일본식 학교 교육을 받는 대신 집에서 어린이 잡지를 읽으면서 독학하였다

세 살 때 소아마비가 발병해서 지체장애를 갖게 되었으며, 평생을 독신으로 살았다. 그 어머니의 증언에 따르면, 원래는 건강했으나 세 살 무렵 고추밭에서 놀다가 갑자기 고열을 앓은 후 지체장애를 입게 되었다고 한다. 이후 권오순은 일체 바깥출입을 하지 않았고, 외고집 괴팍쟁이가 되어갔다. 학교도 다니지 않았는데, 대신 집에서 어린이 잡지를 읽으며 독학했다.

권오순은 열세 살 때 처음으로 동시「하늘과 바다」를 써서 평소 구독하던 잡지인『어린이』1933년 5월호에「하늘과 바다」가 입선하면서 작품 활동을 시작했다. 열여덟 살인 1936년에는「구슬비」등 여러 편의 동시를 써서 아동문예 잡지에 투고했으나, 일제의 문

화 말살 정책에 따라 잡지들이 폐간되면서 발표되지 못했다. 그런데 이듬해 만주 지린성 용정에서 발간하던 『카톨릭 소년』 5월호에 그녀도 모르게 「구슬비」가 실리게 되었다.

「구슬비」는 우리말의 아름다움을 잘 살린 시로 손꼽힌다. 특히 '송알송알', '총총', '송송송', '포슬포슬', '솔솔솔' 같은 흉내말을 잘 살려 써서 성공한 작품으로 평가받고 있다.

1948년에 안병원이 이 시에 곡을 붙여 동요로 만들었다. 그래서 동시는 초등학교 국어책에, 동요는 음악책에 실리는 영광을 누리게 되었다.

그녀는 자신의 시가 남한의 교과서에 실렸다는 소식을 듣고서, 1948년 11월 작은 조각배를 타고 황해도 바다를 건너 월남했다. 그러고는 이화여대 뒤편에 있는 언니 집에 얹혀살며 삯바느질로 살림을 도왔다.

그녀는 장애를 가진 몸이라 한국전쟁 때에도 피난을 가지 못해 몇 번이나 죽을 고비를 넘겨야 했다. 1952년에는 가톨릭에 귀의하여 천주교회에서 세운 고아원(성모원)에서 보모로 일하며 평생 독신으로 살았다.

1979년 2월, 권오순은 충청북도 제천시 백운면 천주교회 옆 오두막에 거처를 마련했다. 그곳에서 활발한 작품 활동을 펼쳤다. 그 결과 첫 동시집인 『구슬비』(1983)를 비롯해 『새벽 숲 멧새소리』(1984), 『무지개 꿈밭』(1987) 등을 연달아 발간했다. 1980년에는 수원의 요양병원인 '평화의 모후원'에 들어가 지내면서 『가을 호수 길』(1990)을 펴내기도 했다. 그 밖에도 수기·동요·동시집인 『꽃

숲 속 오두막집』(1987), 글 모음집 『조각달처럼』(1990)을 남겼다. 특히 그녀는 방정환, 윤석중 등과 함께 한국 아동문학의 첫 세대 작가로서 우리말의 아름다움을 잘 살리고, 평생 동안 소녀의 감성을 간직한 시인이라는 평을 받았다. 1995년에 타계하여 경기도 안성의 미리내 성지에 묻혔다.

권오순 사후에 '구슬비' 노래비가 충주댐 호수공원에 세워졌다.

「구슬비」

동시「구슬비」는 1948년 작곡자가 지도하는 봉선화동요회(1945년 창립)를 통해 처음 발표되었다. 동요 작가 권오순의 대표작이자 작곡자 안병원의 대표작으로, 4분의 2박자 내림마장조의 귀엽고 산뜻한 감각을 주는 재미있는 동요이다. 단순한 가락이지만 동심이 잘 표출된 초등학교 저학년용 동요이다. 작곡자의 초기작품으로 오늘날에도 널리 애창되고 있으며, 전형적인 동요 작품으로 평가되고 있다.

권오순 시인의 이야기를 담은 동화책『구슬비 소녀』를 펴낸 전병호 시인은 지역에서 발행되는 신문에 "권 시인은 결혼도 하지 않았으며 집도 갖고 있지 않았다. 평생을 재속 수녀로 이슬 같은 삶을 살았다. 시인이 가고 난 뒤에 남은 것은「구슬비」와 동시집 몇 권뿐. 시인은「구슬비」를 쓰고 지키기 위해 이 세상에 와서 평생을 바쳤다고 해도 틀린 말이 아니다."고 밝힌 바 있다.

권오순은 1976년 새싹문학상, 1988년 제1회 충북 숲속아동문학상, 1991년 이주홍아동문학상 등을 받았다.

눈 내린 성탄절에

권오순

이 세상 그 어느
화가인들

이보다
더 아름다운
그림을
그릴 수 있을까?

오직,
단 한 가지 빛깔로
이처럼 황홀하고 신비스러운…

아!
도저히 사람의 솜씨로는
따를 수 없는

하느님이 주신
사랑의 크리스마스카드!

참고: 정찬권, 『근대 장애인사』, 한국향토문화전자대전

권오순 「구슬비」 시비 사진(제천)

권오순 시비 사진(충주호 옆)

석주 권필權韠

편집부

권필(1569~1612)은 조선 중기의 선조 때 활동했던 시인으로 승지 권기權祺의 손자이다. 본관은 안동이며 호는 석주이다. 목릉성세穆陵盛世로 일컬어졌던 당대 문단에서 이안눌李安訥과 함께 '이재二才'로 불렸다. 당나라 시대 시풍의 낭만적 서정과 당대 현실을 풍자한 사회성 높은 시를 많이 남겨 시를 짓는 능력이 뛰어났다.

또한 재주가 뛰어나 자기성찰을 통한 울분과 갈등을 토로하고, 잘못된 사회상을 비판 풍자함으로써 주목할 만한 성과를 거두었다. 호방하면서 어딘가에 얽매이지 않는 성품으로『석주집』과 한문소설「주생전」이 현재 전해진다.

젊었을 때에 이안눌과 함께 평안북도 강계에서 귀양살이하던 정철을 찾아갔다. 19세에 과거 시험을 보았는데 초시와 복시에 장원을 하였다. 그러나 글자 하나를 잘못 적은 일로 인해 내쫓김을 당하자, 술과 시로 나날을 보냈다.

임진왜란 당시에는 주전론主戰論을 강경하게 주장했다. 광해군 초에 권신權臣 이이첨李爾瞻이 권필에게 서로 가깝게 지내길 청했으나 이를 거절했다. 한편 임숙영任叔英이라는 사람이 과거 시험의「책문策文」에서 전란 후의 현실에 대한 분노와 저항을 표출하면서, 유희분柳希奮 등 권신들이 제멋대로 행동하는 것에 대해 공격했다가, 광해군의 뜻을 거스르게 되어 삭과削科된 일이 있었다. 이 사실을 들은 권필은 분함을 참지 못하여「궁류시宮柳詩」를 지어 이를 풍자하고 비방하여 광해군이 크게 화를 내었다.

광해군의 비妃 류씨柳氏의 아우 류희분柳希奮 등 척족戚族들의 방종을 풍자한 궁류시를 지어 비방하자, 광해군이 대노하여 시의 출처를 찾던 중, 1612년 김직재金直哉의 옥獄에 연루된 조수륜趙守倫의 집을 수색하다가 그의 시가 발견되었다. 이후 혹독한 고문 끝에 귀양길에 올라 동대문 밖에 이르렀을 때 사람들이 주는 술을 폭음하고 이튿날 죽었다.

석주 권필은 욕심 없는 지성인의 생애를 살았다. 그러나 그의 삶의 방식인 지성 때문에 비극적인 최후를 마친 사람이다. 「궁류시」는 권필이 천명을 다하지 못하고 비극적인 죽음을 맞게 한 바로 그 시다. 즉, 그 시대 한 문인의 필화 사건이다. 「궁류청청시宮柳靑靑詩」라고도 한다. 역사적인 배경 속에 태어난 시를 읽으면 무서운 세도를 실감하게 된다

궁궐의 버드나무 시宮柳詩

궁중 버들잎 푸르고 꽃은 흩날리는데宮柳靑靑花亂飛
고관들 수레 성에 가득 차고, 봄빛은 미색이구나滿城冠蓋媚春暉
조정 대신 다투어 태평과 안락에 취하니朝家共賀升平樂
뉘에게 바른말 보내 옷 벗겨 쫓아내리誰遣危言出布衣

그의 죽음은 이후 인조반정의 한 구실이 되었다. 1623년 인조반정 후 사헌부지평에 추증되었고, 전남 광주의 운암사雲巖祠에 배

향되었다. 묘는 경기도 고양시 위양리에 있으며, 묘갈墓碣은 송시열宋時烈이 지었다.

문집으로『석주집石洲集』과 한문소설『주생전』,『위경천전』이 전해지고 있으며, 강화도 송해면 하도리 고려산 기슭의 석주 초당 터에는 그의 후손 권체가 세운「석주 권필 유허비」가 남아있다. 그의 수많은 한시 중 일부와 한문소설 개요이다.

정중음靜中吟

뜻이 차니 여러 사심이 물러나고意實群邪退
마음 비우니 하나의 이치 분명해지네心虛一理明
고요할 때 만물 보노라니靜時觀萬物
봄기운이 절로 생겨나네春氣自然生

절필絕筆

평생토록 우스개 글이나 즐겨 지어서平生喜作俳諧句
인간 세상 만 사람의 입을 시끄럽게 했네惹起人間萬口喧
이제부턴 보따리에 싸놓고 남은 세월 보내면서從此括囊聊卒歲
그 옛날 공자처럼 말하지 않고 지내려네向來宣聖欲無言

나그네 길에途中

해가 저물어 외진 객점에 들어서니日入投孤店
깊은 산중이라 삽짝도 닫지 않고 있네山深不掩扉
새벽닭 소리에 떠나야 해 길을 묻는데鷄鳴問前路
노란 낙엽이 사람을 향해 날아드네黃葉向人飛

오언고시五言古詩

앵무새는 얼마나 펄펄 나는가隴鳥何翩翩
동쪽에서 와서 대궐로 들어가니東來入紫宮
임금이 돌아보면서 웃고는君王顧之笑
금사로 만든 조롱에 넣었어라貯以金絲籠
밤에는 고요한 난간에서 자고宵眠曲檻靜
낮에는 넉넉한 낟알을 쪼고晝啄香稻豐
붉은빛 부리로 아침에 말하고紅觜語朝日
초록색 깃털을 봄바람에 흔든다綠羽搖春風
그러다 하루아침에 백량이 불타니一朝柏梁火
그만 몸이 잿더미가 되고 말았지委質灰燼中
사람들은 그 처음을 부러워하지만人皆羨其始
나는 홀로 그 마침을 슬퍼하노라我獨悲其終
어찌 옛날에 살던 산의 짝이豈若故山侶

숲속에서 외로이 우느니만 하랴孤鳴松桂叢

어떤 사람이 동로를 떠나서有客別東魯
명성 얻으려 장안에 들어갔지求名入長安
장안에는 큰 집들도 많고長安多甲第
가무 소리가 구름에 닿았으며歌舞靑雲端
벼슬아치 한길에 많이 다니니衣冠散廣陌
검과 패옥 소리 맑게 울리었지劍佩聲珊珊
홀연 말 탄 사람 오기에 보니忽見車騎來
햇살에 금 안장이 번쩍거리는데白日輝金鞍
바로 평소에 친하던 벗이라認是平生親
나아가 만나려다 머뭇거렸지欲進仍盤桓
한 번 성명을 말하고 싶어도願一道姓名
기상에 눌려 나서지 못하고氣象不可干
날이 저물어 묵는 집에 돌아와日暮歸邸舍
베개를 만지며 눈물만 흘렸어라撫枕涕汍瀾
후세의 사람들에게 이르노니傳語後來人
이 길은 정녕 무엇보다 어렵다네此路誠獨難

어떤 소년이 원유를 좋아하여少年喜遠游
검을 잡고 서쪽 변새로 가는데按劍出西塞
길가에 한 쌍의 옛 무덤이道傍雙古冢
볼록볼록 마주 보고 있었지纍纍正相對

말하길 고죽군의 아들인데云是孤竹子
무덤이 황폐한 지 천 년이라네蕪沒向千載
소년이 비분강개한 나머지慷慨爲悲咤
침통한 슬픔에 오장이 찢어질 듯沈慟傷五內
서성이며 차마 못 떠나가는데盤桓不忍去
흰 해는 참담한 빛으로 저무누나白日慘將晦
상주 시대는 이미 멀어졌으니商周今已遠
옳고 그름이 필경 어디에 있는가是非竟何在

그윽한 난초에 큰 꽃이 피니幽蘭生都房
빼어난 빛깔 어찌 그리 고운지秀色一何嫩
비와 이슬이 밤낮으로 적셔 주니雨露日夜滋
가지와 잎이 홀연 화단에 가득해라枝葉忽盈畹
걱정스러운 건 제결이 울어서竊恐鶗鴂鳴
봄날 속절없이 저무는 것이지靑歲坐成晩
지금 사람은 허리춤에 찰 줄 모르고今人不知佩
옛사람은 이미 멀어지고 말았어라古人亦已遠
하늘의 운수가 진실로 이와 같다면天運苟如此
난초의 일은 누구에게 원망하리오持此欲誰怨

단혈에서 봉황이 태어나니鳳皇生丹穴
한 번 날아 구주를 가로지른다一擧橫九州
아침에 낭풍의 산봉우리 떠나朝辭閬風岑

저녁에 창해의 물을 마시도다夕飮滄海流
문왕이 세상을 떠난 지 오래니文王久已沒
그 언제나 한번 와서 노닐까何當一來遊
아 저 울타리 사이의 참새는嗟彼藩籬雀
짹짹거리며 무엇을 찾고 있나啾啾安所求

걸어서 성곽 북문을 나가서行出郭北門
날 저물녘 강가를 거니노라日暮游江皐
찬 서리에 온갖 풀들 시들고凝霜被百草
매서운 바람은 성나 울부짖는다烈風聲怒號
들판은 어쩌면 저리 쓸쓸한가原壄何蕭條
눈에 보이느니 우거진 쑥대뿐極目唯蓬蒿
어찌 같이 온 사람 없으랴만豈無同來人
괴로운 내 마음 아무도 모르네莫知我心勞
그리운 임은 만 리 밖에 있으니所思在萬里
아득히 풍랑에 길이 막혔어라茫茫隔風濤
외로운 기러기는 서남쪽으로 날아孤鴈西南翔
구슬픈 소리로 울며 짝을 찾누나哀鳴求其曹
이 광경을 보고 길게 탄식하며見此長嘆息
눈물을 흘려 찬 옷깃 적신다淚下沾寒袍

꾀꼴꾀꼴 우는 골짜기의 새嚶嚶谷中禽
푸릇푸릇 우거진 강가의 풀芊芊江上草

깊은 규방에 있던 고운 여인은皎皎深閨女
성 남쪽 길에서 뽕잎을 따누나採桑城南道
길 가던 이가 보고 머뭇거리며行者爲躑躅
함께 말할 제 안색이 환했건만共言顔色好
중매쟁이가 죽은 지 오래라蹇脩沒已久
좋은 인연 일찍 맺을 수 없어佳期苦不早
마침내 독수공방 외로운 신세終然守幽獨
흘러가는 세월만 탄식할 뿐일세歎息年光老

저녁 해는 어쩌면 저리도 환하여夕日何暉暉
나의 가을 정원에 해바라기 비추나照我秋園葵
가을 해바라기는 저녁 해 향하지만秋葵共夕日
다시 얼마나 오래 그럴 수 있으랴能復幾多時
홀연 돌개바람 세차게 일더니忽有回風發
뜬구름이 와서 해를 가리누나浮雲來翳之
은혜로운 햇빛이 중도에 막히니恩光中道隔
이를 보는 사람도 마음이 슬퍼진다對此令人悲

석주의 한문소설 「주생전周生傳」은 고교 교과서에 실려 있으며, 대입 학력고사에도 빈번히 출제되고 있는데 그 애정소설의 줄거리는 다음과 같다.

촉주蜀州에 사는 주생은 누차 과거를 보았으나 실패하자 벼슬이 인생의 전부가 아님을 깨닫고, 재산을 팔아 배와 화물을 사서 강호

江湖를 유람하였다.

　그는 전당이란 곳에 다달아 기생 배도俳桃를 알게 되어 그녀와 백년가약을 맺었으나 배도가 잘 다니는 노승상盧丞相 집에 갔다가 승상의 딸 선화仙花를 보고 사랑을 느낀다. 승상 부인은 주생의 학식이 탁월함을 알고 아들의 선생으로 모시게 되어 선화와 사랑을 맺었으나 드디어 배도에게 발각되어 헤어지게 된다. 그러나 배도가 죽은 뒤에 주생이 의지하고 있던 장 노인의 중매로 정혼이 되었으나 때마침 임진왜란이 일어나 주생이 이여송 장군 막하의 서기로 종군하게 되어 두 사람은 끝내 인연을 맺지 못하고 만다.

　※ 참고: 네이버 지식백과, 한국민족문화대백과

필자 주소록

권경미 36648 경북 안동시 평화윗길33, 화이트빌 2층/ 010-6530-6011

권규림 07679 서울시 강서구 화곡로42가길 18, 202호(화곡동, 신원A) /
010-7282-8849

권규미 38195 경북 경주시 내남면 안심길 141-14/ 010-2290-3520

권남희 05719 서울시 송파구 중대로 101. 동부썬빌 311호/ 010-5412-4397

권명오 Myung oh Kwon 3250 maple terrace dr Suwannee, GA
30024-3702 USA/ 404-394-6609

권민정 16817 경기 용인시 수지구 신봉2로 26,
122동 1202호(신봉동, 자이1차)/ 010-2273-3505

권수복 54092 전북 군산시 미장남로 10, 109동 303호(미장아이파크)/
010-3600-7688

권숙월 39511 경북 김천시 감문면 태촌2길 3-31/ 010-3818-6344

권순갑 27702 충북 음성군 음성읍 시장로 79/ 010-5463-9233

권순악 10337 경기 고양시 일산동구 탄중로 430,
1003동 502호(중산마을 동신아파트)/ 010-9176-6085

권순영 06289 서울시 강남구 선릉로 120 개포우성1차아파트
8동 1003호/ 010-5608-3084

권순자 07933 서울시 양천구 중앙로 53길 5, 1동 803호(서울가든아파트)/
010-6201-4792

권순해 26448 강원 원주시 서원대로 389, 104동 1204호/
010-8547-1415

권순희 Clara Soonhee Kwon-Tatum P.O. Box 291, Sharpsburg,
GA 30277 USA/ 404-488-6663

권애숙 부산 수영구 광안해변로 100, 208동 610호
(남천삼익비치아파트)/ 010-3553-3179

권영목 03480 서울시 은평구 응암로 4길 24(응암동) 대림시장 내
순영뜨게방/ 010-6338-1376

권영민 54653 전북 익산시 선화로1길 57-32,
　　　 503동 1103호(배산휴먼시아 5단지)/ 010-3933-3737
권영시 12580 경기 양평군 양서면 중동길 274-60 (솔향 마을)/
　　　 010-8585-8392
권영옥 03446 서울시 은평구 은평터널로 121-18. 201호/
　　　 010-6309-3707
권영주 39277 경북 구미시 신시로 16길 141,
　　　 101동 407호(송정동, 삼성장미아파트)/ 010-4539-1337
권영춘 08773 서울시 관악구 남부순환로 166길 69, 1층(신림1동)/
　　　 010-9037-2038
권영호(동화) 37337 경북 의성군 의성읍 후죽4길 29-6/
　　　 010-3814-4440
권영호(시) 36649 경북 안동시 단원로 81-8, 명성한마음타운 302동 502호/
　　　 010-3538-1975
권영희 04397 서울시 용산구 서빙고로 91 나길 9/ 010-6425-8166
권오견 08740 서울시 관악구 행운7길 14/ 010-5306-1086
권오운 05070 서울시 광진구 뚝섬로 35길 32, 302동 105호
　　　 (자양동, 자양3차우성아파트)/ 010-3170-0962
권오휘 36824 경북 예천군 예천읍 밤나무골길26 영남타운 2차 201호/
　　　 010-8770-5231
권옥란 08050 서울시 양천구 신정이펜1로 50,
　　　 312동 1201호(신정이펜하우스)/ 010 2358 2351
권용태 25268 강원 횡성군 안흥면 노동로 227번길 82-71/
　　　 010-4704-7099
권은영 31066 충남 천안시 동남구 성불사 길 41,
　　　 109동 202호(대림e편한세상 1차아파트)/ 010 3100 7565
권재중 16955 경기 용인시 기흥구 흥덕1로20,
　　　 103동 3401호(풍경채 어바니티)/ 010-4533-7379
권정숙 50590 경남 양산시 두전길18 로얄파크빌101동 1203호/
　　　 010-8123-2230

권종숙 12258 경기 남양주시 경춘로 468-40,
　　　 114동 1003호(다산동, 힐스테이트 황금산)/ 010-2209-9457

권천학 Cheonhak Kwon 58 Princeton Road, Toronto, ON. M8X
　　　 2E4 Canada/ 647-703-7742

권　철 47110 부산시 부산진구 초연로11 연지자이2차 211동 803호/
　　　 010-8728-7420

권철구 31777 충남 당진시 당진중앙3로 23, 301호/ 010-8930-8456

권태주 18457 경기 화성시 동탄반석로22, 반석초등학교 교장실/
　　　 010-9076-3124

권필원 08651 서울시 금천구 시흥대로28길 35-20, 102호(권종호)/
　　　 010-5678-2349

권해솜 07954 서울시 양천구 목동중앙본로13길 16-1, 101호/
　　　 010-3028-7580

권혁모 08240 서울시 구로구 중앙로 121,
　　　 101동 906호(고척동, 고척파크푸르지오)/ 010-3088-0537

권혁찬 17892 경기 평택시 통복시장로 51, 부흥빌라 101호/
　　　 010-2380-0079

권현옥 13602 경기 성남시 분당구 정자로 112,
　　　 501동 1502호(신화아파트)/ 010-9141-6014

권희경 12923 경기 하남시 미사강변동로 20, 부영 사랑으로아파트
　　　 3110동 301호/ 010-9979-4251

권희표 57559 전남 곡성군 석곡면 석곡로64/ 010-9850-3233

편집 후기

 태사문학 4집 『구슬비』 발간은 우리 가문의 영광이자 참 자랑스러운 일이라 생각해 봅니다. 이 소중한 책이 발간되기까지 만사를 밀쳐 두고 애쓰신 두 분 편집위원님께 어떻게 감사드려야 좋을지요. 그리고 우리 가문 작가님들의 뜨거운 열정과 협조가 아니었다면 태사문학지가 존재하지 않았을 것이라 생각하니, 더욱 감사하고 가슴 뿌듯합니다.
 응원하여 주신 문중의 여러 어르신께도 고마움을 전합니다. 앞으로 태사문학에 큰 영광이 있을 거라 믿으며 발전을 기대합니다.
 - 권필원

 "맨땅에 헤딩한다." 하였지요? 그래도 회장님이 중심이 되시고 큰 뜻으로 함께 손잡아 4집 여기까지 왔습니다. 그 도정에 참 좋은 족친님들의 열화 같은 응원이 없었다면 어떻게 가능하였을까요?
 이제는 단톡을 통하여 우정을 나누며 연간지를 어김없이 출간할 수 있으니, 이것이야말로 우리들의 진정한 모습이라 감히 생각해 봅니다. 어찌 발표할 곳이 여기뿐이며, 쌓이는 책 또한 한두 권이겠습니까만, 오직 족친이라는 뜨거움으로 주옥같은 작품을 보내주시니 가슴 벅찹니다. **- 권혁모**

 사회적으로 여러 가지 어려운 상황에서도 흔들리지 않고 회원님들께서 문인으로서의 자리를 꿋꿋이 지켜 주심에 감사드립니다. 귀한 원고를 보내 주셔서 태사문학 4집 『구슬비』가 알찬 내용으로 선보이게 되어 기쁩니다. 특집으로 동시 「구슬비」 작가 권오순 선생과 석주 권필 선생을 다루었습니다. 훌륭한 문인 선조를 두어 자랑스럽고 따뜻하고 열정적인 문인 족친님들이 계셔서 뿌듯합니다.
- 권순자

♠ 태사문학회 회비/후원금 계좌 안내

우리은행 1002-963-051871 권순자(태사문학회)

♠ 연락처

권필원(태사문학회 대표) 010-5678-2349

권순자(태사문학회 편집국장) 010-6201-4792